CHANEL
HER STYLE AND HER LIFE
シャネル スタイルと人生

ジャネット・ウォラク
JANET WALLACH
中野香織訳
KAORI NAKANO

文化出版局

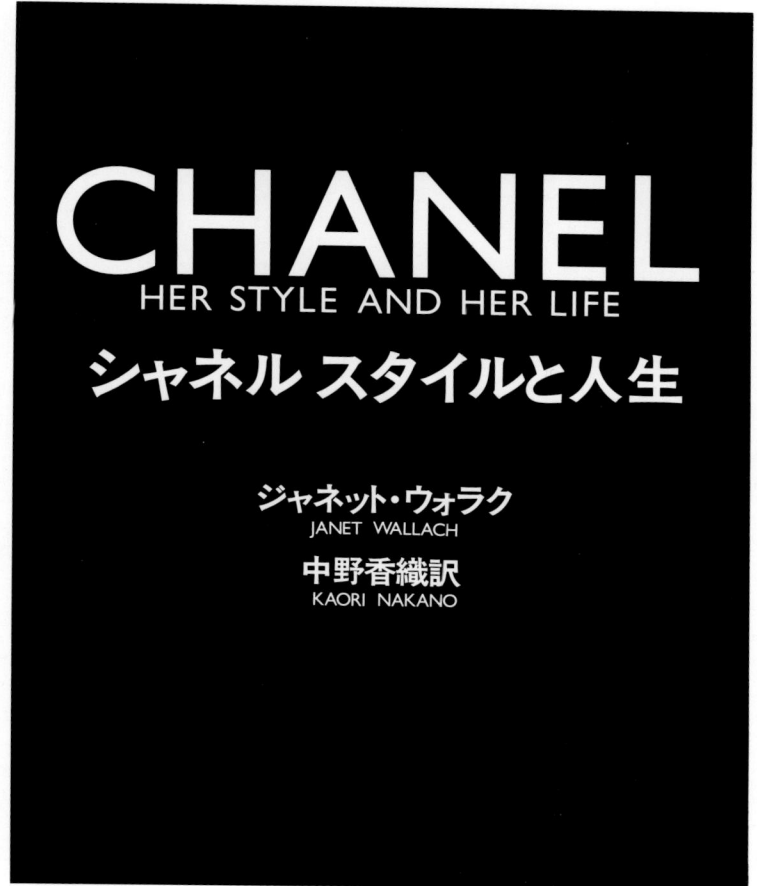

CHANEL

HER STYLE AND HER LIFE
by JANET WALLACH

Published by arrangement with Doubleday,
a division of The Doubleday Broadway Publishing Group,
a division of Random House, Inc.
through Tuttle-Mori Agency, Inc., Tokyo.

Jacket design by Takashi Washisu

Acknowledgments
謝辞

本書執筆にあたって多くの方々にお力添えをいただいた。以下に名前を挙げる方々にはとりわけ深く感謝したい。ニューヨークでは、「シャネル」のArie Kopelmanと、Eleanor Lambert、「ヴェルデュラ」のWard Landrigan、ファッション工科大学特別コレクションの学芸員とValerie Steele、メトロポリタン美術館コスチューム部門の学芸員とRichard Martin、Dennita Sewell、パーソンズ・デザイン学校のTed Barber。そしてパリでは、「シャネル」のMarie-Louise de Clermont-Tonnere、Marika Genty、Arlette Thebault、Veronique de Pardieu、Sophie Lorthiois、「モードとテキスタイル美術館」のCatherine Ormen、そしてVivian CruiseとHolly Warner。また、次の方々にも心からの感謝を捧げる。リサーチをしてくれたAstrid LewisとKaren Pesavento、エージェントのLinda ChesterとLaurie Fox、「ダブルデイ」のクリエイティブ・ディレクターであるMario Puliceと、Alicia Brooks、Claire Roberts、Nan A. Talese。本書は編集者Nan A. Taleseが構想したものである。彼女のスタイル、エレガンス、そして知性は、シャネルを思い起こさせる。

Contents

Introduction
序文

1970年秋のある夜のこと。

パリのカンボン通りに面したシャネルのサロンの上階、ベージュ色で統一された彼女のプライベートなアパルトマンの室内は、ひときわ美しい照明で輝いていた。キャンドルがいたるところでゆらめき、その光がクリスタルのシャンデリアに照り映え、壁にかけられた金縁の大鏡に映り、漆塗りのチャイナ・テーブルや紋章つきの銀箱の上で反射していた。暖炉では薪がパチパチと音をたてて燃え、生花が香りを放ち、一対のブロンズ製の鹿が控えめな従僕のように鎮座していた。

その夜は、ウィンザー公夫妻のために催された特別の晩餐会であり、ゲストのうち二人はすでに到着していた。『ヴォーグ』誌の元編集長、ダイアナ・ヴリーランドと、彼女の親友で元ファッション・エディターのニキ・ド・グンツバーグである。二人はグラスを手にしてその夜の女主人とおしゃべりをしていた。

その人こそガブリエル・＜ココ＞・シャネル。小柄でほっそりとしていながら生気に満ちあふれるシャネルは、お得意のポーズで立っていた。肩を後ろにそらし、ヒップをつきだし、片足をもう一方の足の前に出し、片手をポケットに入れ、もう片方の手でたばこを持って立つというあのポーズである。彼女の顔はどちらかといえば猿顔なのだが、いったんおしゃべりを始めると、輝く瞳と赤く塗られた大きな唇がその顔を美しく引き立て、部屋中にエネルギーを放射するのだった。

執事がその夜の主役の到着を告げる。白いシルクの脇ボタンどめスーツを着たマドモワゼル・シャネルはすっとドアへと向かった。ウィンザー公に手を差しのべると、黒い瞳を彼だけに向けて部屋の中へと招き入れた。ほかの客には一瞥もくれなかった。かつてイギリス国王だった公爵を導き、コロマンデルの屏風の向う側の応接室へと案内すると、ココア色のスエード張りソファに公爵と並んで腰をおろし、すっかりくつろいだ。公爵とシャネルは見つめあい、ほとんどささやくように声を低くして、時折笑いながら、二人だけのおしゃべりに没頭していた。
この魔法にかけられたような空間が破られたのは、ゲストの一人が客はほかにもいるよとシャネルに知らせたときだった。執事にひとこと指図し、シャネルは公爵を残してソファから立ち上がった。とはいえ公爵と離れたのはほんの一瞬だけで、ダイニング・テーブルでは再び公爵はシャネルの隣に座ることになった。二人はどちらも目をそらさず、まるで片時も離れたことがなかったかのように、二人だけにしかわからない話題を選んでいた。ほかの客はすっかり圧倒されて眺めるしかなかった。ダイアナ・ヴリーランドはこんなふうに言う。「あれほどの熱々ぶりを目の当たりにしたのは、生まれてはじめてだったわ。明らかにあの二人は、かつてロマンティックな時間を共有していたわね」
ウィンザー公が晩餐会に招かれたその夜、シャネルは87歳であった。その歳にして、彼女はまだ公爵を夢中にさせることができたのである。周囲を催眠術にかけてしまうようなエネルギーにあふれた彼女は、常に人々の関心の焦点だったし、恋人がいなかったためしなど一度もなかった。自力で億万長者になり、最初のファッション帝国を築き上げたシャネルは、世界中の女性の賞賛の的であり、数多くの男性を虜にしてきた。恋人の中にはヨーロッパで最もリッチな男、最も権力をもつ男、最も才能をもつ男、最も有名な男もいた。情熱的で、集中力をもち、猛々しいほどの独立心を抱いたシャネルは、存在そのものが偉業だった。
シャネルを讃えることはそのまま、20世紀的な生き方、とりわけ彼女が実践したライフスタイルを讃えることにつながる。シャネルの行動や言葉すべてに、彼女の独特なスタイルと趣味が表われているのである。シャネルはデザイナーとして成功したが、その理由を本人はこう説明したがる。私は20世紀的な生き方を貫いた最初の人間だったから、と。
体制や権威に対する軽蔑を大胆に表現することによって、シャネルは、今なお私たちのスタイルの感覚を刺激してやまない魔法のような世界を創りだした。そんなシャネルの成功を理解するためには、彼女の強さの由来と、彼女が目指したゴールを理解しなければならない。貧しい家に生まれ、親に見捨てられ、拒絶という試練を経てきた彼女は、贅沢と富と自立を求めてやまなかったのである。シャネルにはファッションの才能があり、時代がまさにその才能を必要としていたので、彼女は自分の目的のために才能を活用したまでである。シャネルは他人のための服を作ったが、それはまた自分自身のための服でもあった。デザインのヒントはいつも手近なところから得た。
シャネルの真髄は、夢幻性にではなく機能性にある。彼女の才能とは、身の回りにあるものを翻案する能力なのだ。ボーイフレンドのセーターをちょいと拝借してみたり、水兵の帽子を素敵だなと思って自分用にアレンジしてみたり。通り道で見つけたありとあらゆるものが、シャネルのファッションの素材になった。

ほかのデザイナーがファッションについて押しつけがましい意見を語っても、シャネルはさりげなくほのめかしただけだった。ほかのデザイナーがファンタジーを押しつけ、体を締めつけるような服を着せようとしても、シャネルは着心地の楽な服を提案した。女性は自由に動くべきと確信していたからである。

自立と愛情、成功と安心感をともに求めた彼女は、20世紀の女性の模範でもある。確かに、愛がなくては枯れ果ててしまうと信じていたシャネルにとって、ロマンスは人生の重要な部分を占めている。シャネルは経済上の援助者として男性を頼ったこともある。彼らはそれに応えただけでなく、それ以上のものをシャネルに与えた。社交界に彼女を導き、ビジネスについて教え、贅沢の味を覚えさせた。彼らはシャネルにインスピレーションを与え、愛を与えた。しかし、彼女は恋人を慈しむように仕事を慈しんだのである。

もちろんシャネルは、彼女が作った服によって名を残している。シャネルのバッグやシャネルの靴、シャネルのスーツなどのように、デザイナーの名前がたちまちあるアイテムと結びついたり、即座にイメージを喚起したりする例は、きわめて稀なのである。しかし、彼女の最大の遺産は、服ではなく、アティチュード(強く前向きに生きる姿勢)である。それこそ現代の女性が今なお求めているものであり、シャネルのスタイルをほぼ1世紀近くも生き永らえさせてきた要素にほかならない。

Harsh Beginnings

つらかった少女時代

苛立った小学生の女の子が絵の上にクレヨンでなぐり書きをするように、ガブリエル・シャネルは子供時代を消し潰したいと思っていた。

1883年の８月、ガブリエルはソーミュールに生まれたが、少女時代を過ごしたのは、火山性の山が多いオーヴェルニュの土地である。ガブリエルはそのやせた土地を耕す農夫と同じく、へこたれることを知らなかった。気が強く、激しやすい少女だった。「わたしはオーヴェルニュでまだ火が消えていない唯一の活火山よ」とシャネルは70歳の時に言ったことがある。とはいえ、彼女は過去を遠くに押しやろうと懸命に闘っていたのである。

貧しさと背信のなかで育った少女時代だった。母のジャンヌは病弱だったし、父のアルベールは南部出身の旅回りの行商人で、市場で主婦相手に商品を売ったりしていたが、浮気性だった。アルベールは町から町へと移動するように気ままに女をとり替えた。それでもガブリエルは口ひげをはやした黒髪の父が大好きで、ごくまれな帰宅を心待ちにしていた。母がたえずどこか患っていたので、家の中で明るい笑い声が聞こえることなどほとんどなかった。母が結核で亡くなったとき、ガブリエルはまだ12歳の誕生日を迎えてもいなかった。親戚がみな彼女を引き取ることを拒否し、旅に出る父がガブリエルと二人の姉妹をオーバージーヌの孤児院に預けたときは、12歳の誕生日から数週間しか経っていなかった。父の姿を見たのはそれが最後だった。

孤児院の修道女に預けられたガブリエルは、みじめだった。愛情に飢えていて、あまりにも不幸せだったために、自分の境遇を認めることができなかった。プライドの高さこそが彼女の性格を支配する鍵であり、それは瞳から、声から、身振りから、行動から、噴きだしていた。孤独で、怒りに燃えていたガブリエルは、あらゆることに反抗した。彼女が後に告白した言葉を借りれば、「わたしは反逆児だった」。そういう状況のなかでも、父のイメージはかたくなに守り続けた。ハンサムで、冒険好きで、英語を話し、旅を愛した男のイメージを。父こそがわたしをココと呼んだ最初の男だった、と後に彼女は友人に語っている。

修道女になるか、学業を続けるかという選択を迫られ、ガブリエルは見習い修道女の列に加わることを拒んだ。それに代わる道として、18歳の時にムーランにある修道会の寄宿学校、ノートル・ダムに慈善的援助を受ける学生として入学することになった。

ゴシック様式の大聖堂と鐘楼をもつこの古い町は、孤児院に比べればはるかに魅力的なところだった。しかし、学校での生活はつらいものだった。校則は厳しく、金持ちと貧乏人の格差はまざまざと見せつけられた。学費を正式に支払っている学生とは接触しないよう別扱いにされたガブリエルら貧しい女の子たちは、暖房のない一画に部屋をあてがわれ、教室の中でも隔離され、粗末な食事を与えられ、質素で粗悪な服を着せられていた。貧しさによる屈辱感を身にしみるほど味わった彼女は、人々の生活に対して強い意識を、人々の外見に対して鋭い目を向けるようになっていった。

ガブリエルはいやでも気がついていた。ほかの女の子たちが着る柔らかな服地や、近隣の学校の男の子たちの大きな白い襟と風にゆれるタイ、そして修道女たちの黒いガウンと糊づけされた真っ白なベールが、自分の着るものとは違ったものだということに。客用の予備の部屋やステンド・グラスの窓、十字架やキリストの磔刑像……自分から隔てられていたものすべてが、彼女の心に深く刻み込まれた。

寄宿学校では裁縫を身につけた。最初の仕事は、ムーランにあるランジェリー会社、サント=マリーでの売り子だった。やがて余った時間に仕立て屋で二つめの仕事を始めた。駐屯地に滞在する将校の軍服を修繕する仕事である。

そんな仕事ずくめの生活のなかでほんの少しでも時間ができると、ガブリエルは近隣に住む父の家族を訪ねた。愛され、受け入れられることを切実に求めていたのだが、見捨てられた経験が尾を引いてすねてもいた。怒りと愛情をないまぜに感じながら、ガブリエルは親戚を訪れたのである。父親の姉ジュリアと妹アドリエンヌ(ガブリエルとさほど年齢が離れていない)に、裁縫を教えた。代わりに乗馬を習い、鞍をつけずに馬にまたがり、野原を駆け抜けることを覚えた。

とはいえ、親戚の家はどこも、仕事ずくめの現実から逃げる場所としてはあまりにも苦悶に満ちた場所だった。食べ物にも愛情にも飢えて、ある叔母の家を訪れたときのことを、シャネルは後に友人たちにさまざまに表現を変えて語っている。それはこんな話だ。叔母の家に到着した時間は遅く、お腹は空っぽだった。警戒するように迎え入れられたあと、ゆで卵という質素な食事をすすめられた。ガブリエルは断わった。卵が嫌い、と言って。本当はそうじゃなかった。卵は大好物だったのだ。ただ、あまりにも深く傷ついたので、欲しそうな様子を見せたりすすめられるままに食べたりすることなど、到底できなかったのである。卵嫌い、と公言してしまったために、後日の食事の席では、いいにおいのするオムレツもスフレもプディングも鼻の下を素通りさせねばならない羽目に陥ってしまったけれど、孤児だった女の子は、弱さを人前にさらすくらいならそのくらい平気な顔で我慢したのである。

叔母の家の屋根裏部屋で、ガブリエルは別の種類の滋養物を見つけた。新聞連載の大衆小説である。暗がりのなかで、彼女はロマンティックな物語を次から次へとむさぼるように読んだ。虚構のヒーローやヒロインが、年若いシャネルの希望や夢に形を与えてくれた。叔母の家や修道院では余り物の食事しか食べさせてもらえなかったので、小説のなかの５時のあいびきの描写を読んでは、ケーキやサンドウィッチやスコーンがふんだんに盛られるイギリス式のハイ・ティーへの憧れをつのらせた。孤児院や学校では何年間も黒い服しか着させてもらえなかったので、小説のなかの素敵なワードローブの描写を読んでは、まばゆいドレスへの渇望をいっそう強くした。

小説のあるシーンにヒントを得て、ガブリエルは卒業式のために鮮やかな色のドレスをデザインした。そのビッグ・イベントの日、彼女はモーブ色のクレープ・デ・シンを幾重か体にぴったりとまとい、紫のベルベットで作った襞飾りのついたスカートの中に注意深く足を踏みいれた。小柄な体を乙女チックな衣装ですっぽり覆ったガブリエルは、精いっぱい洗練された大人の女を気取り、誇らしげに階段を下り叔母と向かい合った。叔母の目に浮かんだショックの表情に、ガブリエルは戸惑い、恥じ入るしかなかった。しかし、この時に得た教訓はその後永らく生かされることになった。すっきりとしたラインと抑えた色調こそが、シャネルのデザインの特徴になるのである。

1
2
3
4
5
6

A Heady Start with an Heir

御曹司の援助で帽子店として出発

貧しさによって傷つけられた少女時代を過ごしたシャネルは、富を得ることで自分を癒そうと心に決めるが、結婚という手段は考えなかった。彼女にとって、お金を得るとは自立することを意味したのである。富に対する崇拝に近い夢を抱いて、日中は売り子としての単調な仕事をこなし、夜になるとムーランのキャバレーで歌を歌った。町に駐屯する兵士の中には若い貴族もいて、「カフェ=コンセール」と呼ばれるクラブに出入りし、歌やビールや美女を楽しんでいた。美女たちの歌う歌に対しては料金は課せられず、彼女たちは帽子を持ってテーブルからテーブルへとまわってチップをもらうことで収入を得ていた。

男の子のような体つきで、黒い髪ときらめく瞳をもったシャネルは、ステージに立ち、自分の知るたった2曲に合わせて声を張り上げて歌った。大衆的なミュージック・ホールのレビューからとった「コ・コ・リ・コ」(コケコッコウ)と、ココという迷子犬のことを歌う小曲「キ・カ・ヴュ・ココ」(誰かココを見た？)である。この名前はすぐに覚えられ、陽気な兵士たちはまもなく彼女のことを「ココ！　ココ！」と呼ぶようになった。

シャネルはほかの歌手のように肉感的なタイプではなかったが、恋愛ごっこを仕掛ける能力には恵まれていた。猫なで声を出し、睫毛をはためかせて若い兵士の目をいとおしげにのぞきこむ……。この色っぽい娘はたちまち、魅力の代価としておいしい食事にありついたり、贈り物をもらったりするようになる。とはいえ、歌手としては彼女の将来に希望はなかった。どんなにレッスンを積んでも、声そのものがよくなかったので、歌で生計をたてられるほどには上達しなかったのである。せいぜい売り子かお針子か、というところだった。しかし、エティエンヌ・バルサンが運命を変えた。

騎兵隊の将校、バルサンの家は繊維産業で富をなしていた。両親を亡くしたばかりで遺産をたっぷり相続していた彼は、兵役の遠征がそろそろ終わる頃になって、ロワイヤルリューにシャネルを誘った。パリからさほど遠くない、コンピエーニュにあるバルサンの持ち家である。ここで彼は血統書付き

20世紀初頭に流行した帽子は、羽根飾りや花やフルーツで高く盛り上がっていた。
「あんな化け物をかぶった頭でちゃんとものを考えられるかしら?」
とシャネルはせせら笑った。

左：エミリエンヌ・ダランソンは
エティエンヌ・バルサンの
ガールフレンドで、
フランスで最も有名な
ドゥミ=モンデーヌの一人であった。

右：歌手のマルト・ダヴェリは
シャネルの親友で、
シャネルの服の宣伝に一役買った。

の馬を飼い、美しい女たちを囲っていた。若馬はフランスの中でもとびきり駿足で、オートゥイユやロンシャンの競馬場で走るような毛並みのいい馬ばかりだった。女たちはひときわ生気にあふれた有名人ぞろいだった。女優のガブリエル・ドルジアや、おそらくフランスで最も名を知られた高級娼婦、エミリエンヌ・ダランソンもいた。そんな魅惑的なロワイヤルリューへの招待を断われるはずもなく、シャネルはチャンスに飛びつき、バルサンの愛人になった。以後、彼女をとりまく環境はがらりと変わる。

ミストレス、クルティザン、オリゾンタル、イレギュリエール、ココット。さまざまな呼び名をもつこの種の女性に対し、権力をもつ男の心と頭をコントロールする、気まぐれで頭のいい官能的な女性を思い浮かべる人もいれば、男の快楽のためにのみ存在するエロティックなおもちゃという、男性によって貶められた女の役割を連想する人もいる。支配者か隷属者か、ロマンティック・ヒロインか不愉快な売春婦か、見方は人それぞれであるが、ともあれクルティザンはフランスで300年間の伝統をもつのだ。面倒を見てくれる金持ちの男性を見つけたいと望みながら成長した貧しい女の子たちにとっては、クルティザンは憧れのステイタスである。退屈な結婚にともなうつらい仕事や労働者階級の生活とは全く無縁なところに、クルティザンの夢はある。コレットの小説に登場する愉快で美しいジジのように、クルティザンは男を喜ばせるありとあらゆる方法を身につけているのだ。

現実離れした女の物語は、砂糖が結晶化するように、フランス中で紡がれ語られていた。パリの社交界は、貴族やブルジョワジーを頼るのと同じくらい、ミストレスやクルティザンの魅力を頼って成り立っていた。貴族やブルジョワジーが社会的地位や富で人々をひきつけるとするならば、ミストレスやクルティザンは最先端のスタイルや優雅な立居振舞いや極上のウィットで人々を魅了した。彼女たちは時代の先端をいく有名人であり、シャネルのような貧しい女の子たちは、その物腰やワードローブを注意深く観察した。中産階級をばかにするような振舞いをしてみせることで、この妖艶な女たちはつまらない社会の決まりごとから自らを解放し、くたびれた主婦やうんざりした夫が憧れ夢見るようなライフ・スタイルをとことん楽しんでいたのだった。

当時流行のファッションを着こなすには、
優雅でなければならなかった。
この淑女たちは、
馬車に乗るためにスカートを持ち上げ、
首をまっすぐに保って巨大な帽子を
支えていなければならなかった。

競馬場では、
ウェストミンスター公爵夫人と友人たちは、
過剰に飾られた帽子と
凝ったドレスで装った。

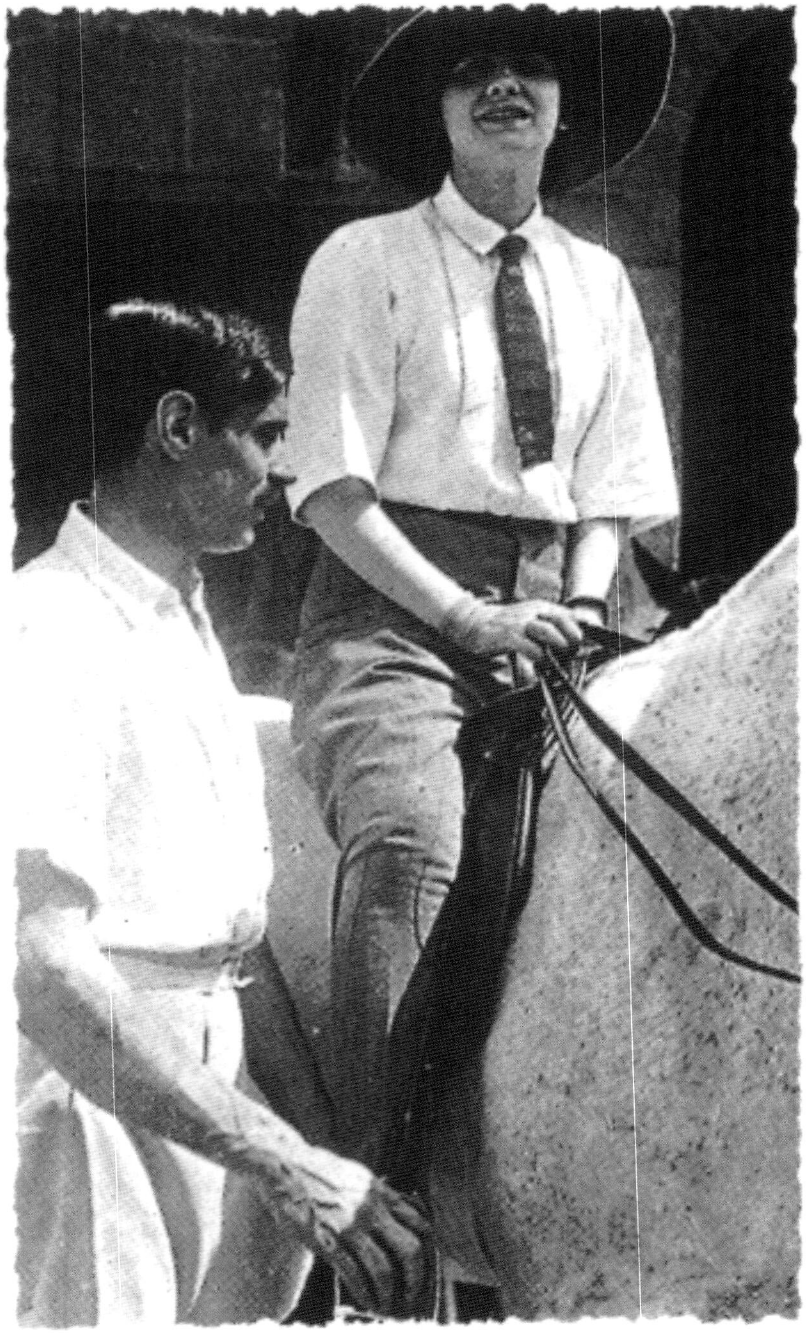

生涯に現われた恋人たちの中で
シャネルが最も愛したのは、
ボーイ・カペルだった。

囲われ女たちは愛人が用意した大邸宅にひっそりと住み、莫大な額のお金を与えられていた。宝石や毛皮もふんだんに買い与えられたし、決闘によってほかの男から勝ち取られた女もいた。衣装は最高のクチュリエで仕立てられ、インテリアは美術品や骨董品で飾られた。パーティを催せば最上層の男たちが集まってきた。時に彼女らはホモセクシュアルな男性の隠れみのにされることもあったが、多くの場合、男性の性的な勲章であった。

午前中には、彼女たちは全身を飾り立てて、馬車に乗ったり名士と並んで歩いたりして、ブローニュの森を散策する姿をひけらかした。午後になると、美術展を観たり、競馬場で声援を送ったり、ポロの試合を観戦したりした。月曜の夜にはオペラを鑑賞し、火曜の夜には観劇、そして毎晩のようにマキシムやカフェ・ド・ラ・ペで夕食をとった。食事中は知的なおしゃべりで愛人を楽しませ、その後は興味をそそるベッドサイド・マナーで愛人を喜ばせたのであった。

シャネルにとっては、かつて読んだ小説のなかの架空のヒロインたちが、ロワイヤルリューで生きた人間になって現われたようなものだった。そこには、フォイ男爵やレオン・ド・ラボルド、バルサンの兄のジャック(後にアメリカの令嬢、コンスエロ・ヴァンダービルトと結婚)といった貴族や御曹司が、常に少なくとも一人の若い女性と腕を組んで頻繁に遊びに来た。陽気で誘惑的な「ドゥミ=モンデーヌ」(アレクサンドル・デュマ・フィスの戯曲にちなんで名づけられた、裏社交界の女)は、豊満な体をきつくコルセットで締めあげてシルクやサテンのドレスをまとい、さらにフリルや仰々しい装飾を幾層にも重ねる、という入念な装いだった。

深く刳られたネックライン、細く締められたウエスト、そして膨らませたヒップを演出することによって、彼女たちはボディを官能的なＳ字形に形作っていた。頭部は重力に挑むかのような驚異的な形に改造されていた。車輪形の帽子であれ縁をそりかえらせた帽子であれ、極楽鳥の羽根や天にそびえる白鷺の羽根、宝石、フルーツ、そして花でごってりと飾られていたのである。こんなはちきれんばかりの美しい女性たちは、胸がぺたんこのシャネルとはあまりにも違いすぎた。当初、シャネルはすっかり圧倒されてしまい、ただ眺めているのが精いっぱいだった。

舞台装置も圧巻だった。ロワイヤルリューの絢爛たる家ときたら、彫刻を施されたアンティークの椅子にはタペストリや革のカバーがかけられ、磨き抜かれたテーブルの上では銀の置物が光を放ち、生花が部屋中に芳香を放っていた。あまりの贅沢さにシャネルはほとんど息も止まりそうだった。舞台装置といい、役者といい、ほとんどシャネルの理解を超えていた。彼女は当時の有名なクルティザンたちと比べられることになってしまったが、クルティザンの豊満な体型にボーイッシュなシャネルの体が互角に競えるはずがなく、クルティザンの銀行預金高に貧しいシャネルの財力が到底及ぶはずがなく、クルティザンの豪華な環境ではシャネルの素朴な立居振舞いは場違いだった。にもかかわらず、彼女はこのクルティザンたちには決して負けないと心に決めたのである。

シャネルは言語能力に長けていたので、知的な会話にもすぐついていくこ

女優のガブリエル・ドルジアは、
シャネルの帽子をかぶって登場した
最初の舞台女優の一人だった。

とができた。男性並みに馬を乗りこなすことができたので、女好きであるとともに馬好きでもあるバルサンと一緒にどこへでも出かけることができた。さらに、シャネルはほかの女性たちとは異なる装いをすることによって人目をひくことができた。当時の装飾過多なファッションでは小柄な自分が埋もれてしまうことを知っていた彼女は、不要な部分をそぎ落とした服を自分で作り、長い首とスリムな体型を強調したばかりか、男友達から借りたシャツやタイ、ジャケットやジョッパーズを着こなしてみせた。

だがなんといってもシャネルを注目の的にしたものは、彼女が作った帽子であった。ずっしりと羽根飾りや花飾りで重くなった、高さも幅も巨大な帽子(女性がヒップを小さく見せようとすれば幅はますます大きくなった)の代わりに、シャネルはもっと小さく、単純な帽子を作った。装飾といえば、せいぜい花や羽毛をごくわずかにあしらっただけのもの。

有名なココットたちはシャネルのシンプルな提案に心を動かされた。女優

のガブリエル・ドルジアとオペラ歌手のマルト・ダヴェリは、何かスタイルのある帽子を作ってくれないかと頼みにきた。彼女たちが舞台でその帽子をかぶった写真がメディアに掲載されたとき、シャネルの名が語られ始めた。1910年の劇場専門定期刊行誌『コメディア・イリュストレ』にシャネルの写真が掲載された。やがてほかのデザイナーがシャネルのスタイルを追いかけ、小さな帽子のほうがファッショナブルになっていくと、シャネルは重要な帽子デザイナーとして認知されていった。シャネルの帽子とアクセサリーは頭部を飾る以上のことをやってのけた。女性の全身の外見をすっかり新しく作り変えたのである。とはいえ、この時点ではまだ、市場はロワイヤルリューに限られていた。

左：1910年の
『コメディア・イリュストレ』誌に、
シャネルは自分の作品の
モデルとして掲載される。

右：シャネルは
帽子のごてごてとした装飾をとり去って、
大きな羽根を1本飾るにとどめた。
（『コメディア・イリュストレ』より）

Boyish Escapades

ボーイッシュな冒険

1912年、シャネルはアーサー・<ボーイ>・カペルと出会う。浅黒い容貌、さっそうとした横顔にシャネルは一目ぼれした。心を射ぬくような視線、ふさふさとした黒髪、たっぷりとはやした口ひげ、クラーク・ゲーブル似の横顔を思い出して、シャネルはこんな風に語っている。「ハンサムなんてもんじゃないわ。最高にすてきだったのよ」。イギリス人で、生れや過去については誰も知らなかった。だが、財を築き上げる能力と友人を作る能力については誰もが認めるところだった。30歳になるまでに、彼は海運業と石炭業に商才を発揮して一代で財産を築き上げていた。しかも、カリスマ的な魅力とポロ競技の才能によって社交界でもひっぱりだこの男であった。

シャネルがカペルを見かけたのは、競馬場のあるおしゃれな町、ポーであった。シャネルはただちに彼にモーションをかけた。いとおしそうに目をのぞきこみ、睫毛を羽ばたかせ、ネックレスを口元でもてあそび、体をすり寄せる、というコケティッシュなテクニックを駆使したのである。カペルはまもなくロワイヤルリューに足繁く訪れるようになった。

バルサンと同じように、カペルにも大勢の愛人がいた。バルサンと同じように、カペルもすぐにシャネルを愛人のリストに加えた。そう、しばらくの間、二人の男とシャネルは三角関係に見える間柄だった。しかし、バルサンとは違って、カペルはシャネルの個性に興味を抱いた。シャネルの知性や好奇心の強さを好もしく思ったのである。シャネルに好奇心があると感じたカペルは、数占いや東洋宗教や書物に対する熱狂をシャネルと分かち合った。二人で乗馬に出かけるときには、シャネルはカペルの服を借りた。男物の服を楽しそうに着こなすシャネルを見て、カペルは仕立て屋にシャネルを連れていき、彼女用にワードローブをあつらえさせた。わたしは美人じゃない、とシャネルが言えば、君は個性的だ、とカペルはほめた。シャネルのファッションに対する関心を、カペルは一時の気まぐれとして切り捨てはしなかったどころか、シャネルの未来を開く鍵と見て、野心を励まし、夢を追い続けるよう応援した。つまり、カペルはシャネルがファッション界に身を投じる自信を与えたのである。シャネルは後に回想している。「彼は父であり、兄であり、家族だった。わたしの人生における最大の幸運だった。わたしという女を形作ったのよ。わたしの個性をどのように伸ばせばよいかを、彼は知っていたの」。シャネルはカペルと熱烈な恋に落ちる。

しかし、シャネルがまじめに結婚を考えると、カペルは反対した。囲われ女は妻にはふさわしくなかったのである。少なくとも、当の彼女たちを囲っている男にとっては。しかもカペルときたらかなり大勢の女を囲っていた。とはいえ、カペルはシャネルがビジネスに向かうときには喜んで背中を押した。支援者であり続けることで、彼はシャネルの礎石となった。後に訪れる驚異的な成功の土台となったのである。

シャネルが帽子ビジネスをパリで始めるときがきた。カペルはガブリエル通りにアパルトマンを持っており、そこは二人で暮らすだけなら十分の広さだったが、仕事のための余分なスペースはなかった。そこでカペルはいつもの魅力を発揮して、ライバルのバルサンを説得し、シャネルにフラットを貸すように頼んだ。マルゼルブ通りにあり、ファッショナブルなバーバリーの店にも近いフラットである。後にシャネルはややぞんざいに、誇らしげに語ったものだった。「高級ファッションの店を始めることができたのは、二人の紳士がわたしの素敵な小柄な体をめぐって互いに競り合ったからよ」

1913年にやってきたパリでは、シャネルは嬉しさとともに不安と居心地の悪さを感じていた。自分がなじんだ競馬や囲われ女たちの世界とはあまりにもかけ離れていたからである。ヴァンドーム広場やロワイヤル通りでは、運転手付きの車が店の前にずらりと並び、白いタクシーやバスが大通りを走り、町の地下には大衆を乗せる地下鉄「メトロ」が運行していた。最先端の服を着たショウガールや高級ファッションをまとった女優は、混みあうカフェの屋外テーブルでミネラル・ウォーター「ヴィシー」をすすり、もっと俗物の囲われ女やそのパトロンたちは、「マキシム」でマティーニを飲んでいた。人々はめいめい、電話でデートの約束をしたり、社交人士のうわさ話をしたり、新しい雑誌『フェミーナ』に出ていた化粧部屋や浴室のことを話しあったりしていた。

おしゃれな人はオペラ座に集い、慈善家は仮装舞踏会に出かけた。バレエのパトロンはロシアの天才振付け師、セルゲイ・ディアギレフを紹介された。彼の東洋趣味のコスチュームや舞台美術は、音楽から衣服に至るまで、あらゆるものに影響を与えていた。劇場に出かける人はサラ・ベルナールの演技に圧倒され、コンサートに出かける人は、ダリウス・ミヨーの音楽やイゴール・ストラヴィンスキーの不協和音に陶酔した。芸術愛好家はスペインのキュビズム(立体主義)の画家、パブロ・ピカソやフランスのフォービズム(野獣主義)の画家、アンリ・マティスのことを議論した。女性参政権について語る

パリのカフェやレストランでは、
金持ちの男が自分の囲うクルティザンを
見せびらかしていたが、
シャネルはクルティザンとしての
作法を身につけていなかった。

人もいた。

そんな社会と向かい合うのがおそろしくて、シャネルは室内にとじこもった。洗練されたカペルがシャネルを恥じて外に連れ出そうとしなかったというわけではない。彼女はブローニュの森を誇らしげに散歩したり、おしゃれなカフェで食事をしたりする高級娼婦のマナーも教養ももちあわせていなかったのである。ウォルトやポワレやパキャンのデザインするハイウエストのドレスやホブル・スカート(ひざより裾のほうが狭い幅で、歩行の難しいスカート)で装ったこうした女性たちこそが、流行を決め、ファッションにニュース価値を与えていた。

一度だけ、カペルはシャネルをレストランに連れ出したことがある。その時、彼女は食べすぎてコルセットのひもをちぎれさせてしまい、カペルはドレスを縫い閉じる手伝いをさせられる羽目になった。シャネルはきついコルセットなど二度と着るものかと心に誓った。時々、競馬場へは出かけた。高級娼婦も伯爵夫人も出かける場所だった。シャネルをエスコートしているのがカペルだ、ということが人々の好奇心を刺激し、シャネルのかぶる特徴のある帽子と奇妙なドレスが批判の嵐を巻き起こした。「貧乏ったらしい」だの「地味すぎ」だのという言葉が群衆のひそひそ声のなかから聞こえていた。ゴシップが口から口へ伝えられ、シャネルの正体が明らかにされた。

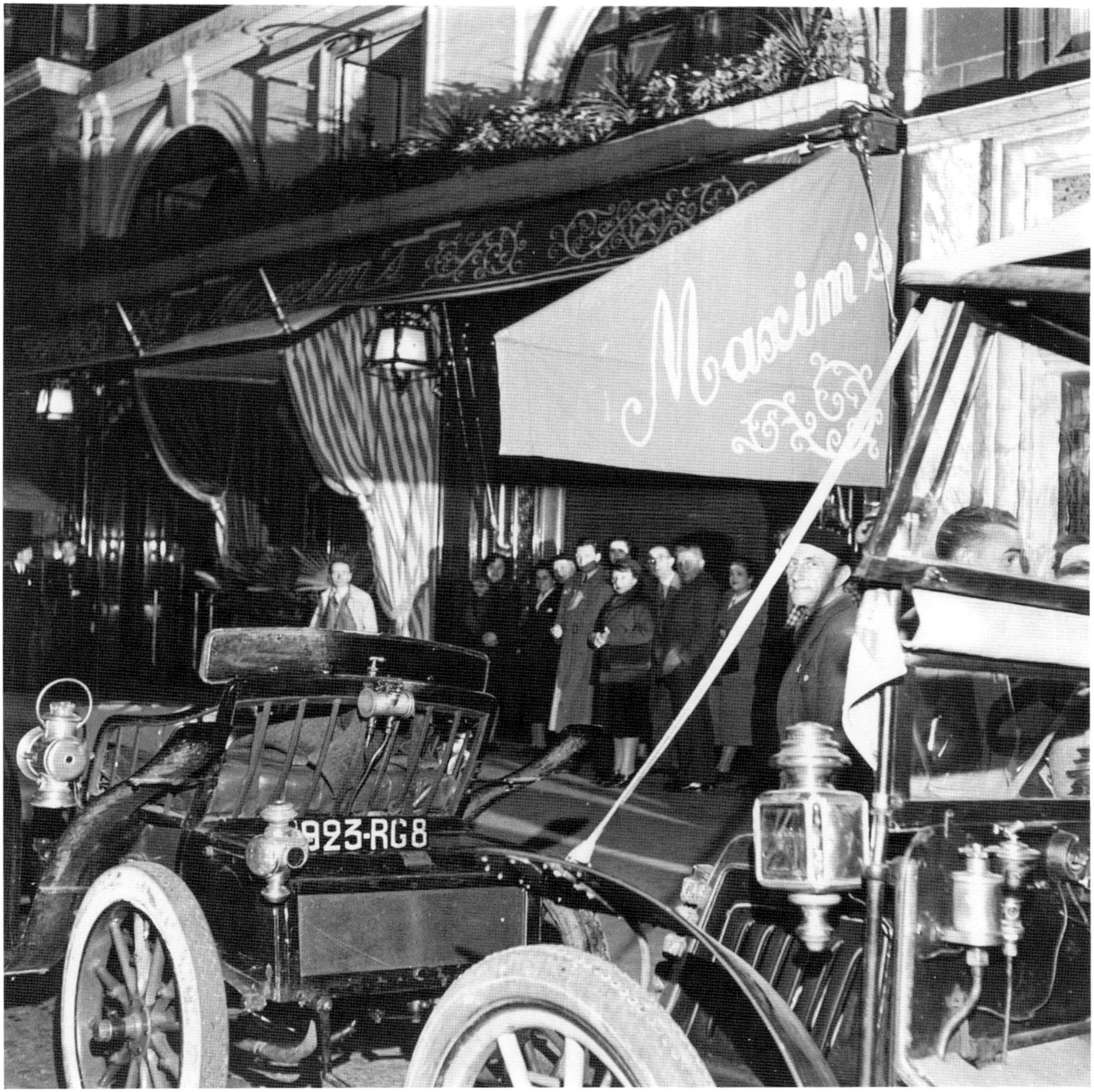

車が「マキシム」の外に
ずらりと駐車される。
「マキシム」は洗練された人々に
大人気のレストランだった。

ボーイ・カペルの愛人となれば誰であれ一見に値する。とりわけ妙ちきりんな帽子をかぶり、生意気な装いをしてくるような女は。シャネルは夜も昼もなく働いたが、ドゥミ=モンデーヌたちは午前中に彼女のアトリエにやってきた。帽子を買いにではなく、シャネルを見るためにやってくるのは、明らかだった。当初はシャネルも恥ずかしがって怖れ、彼女たちから隠れていたが、しまいにはなんとか表に出てきて、彼女たちの技巧をつくした装いに対する批評をし、こんな装いはだめ、と明言するようになった。やがて彼女た

1913年、
『フェミーナ』誌はドーヴィルの
ゴントー=ビロン通りの店で
帽子を売るシャネルのイラストを
掲載している。

ちがかぶる巨大な帽子を見て、せせら笑うまでになった。「あんな化け物をかぶった頭でちゃんとものを考えられるかしら？」

不遜なシャネルの態度にもかかわらず、シャネルがカペルの経済援助のもとに成功したという事実が女性たちの興味をかきたてた。価格はべらぼうに高かったが、余分なものをそぎ落とした若々しいデザインは、魅力的だった。シャネルは仕事に自信をもち、カペルが雇ったビジネス・アドバイザーの女性の助けを得て、たちまち顧客を増やし、顧客は友人を連れてきた。彼女の作品を着た女優やオペラ歌手が雑誌に掲載されることもあった。

２、３年のうちにシャネルはカンボン通りの１階に店を構えることができた。さらにカペルの経済的援助を得て、リゾート・タウンのドーヴィルに２番目の店を開いた。イギリス海峡に面したこのシックな町は、カペルのお気に入りであり、裕福なイギリス人とフランス人が遊びに来る場所だった。

町で最もにぎやかなゴントー=ビロン通り。おしゃれな客はビーチを見下ろす高級ホテル「ノルマンディ」にチェックインする。従僕たちがルイ・ヴィトンの中身をあけている間、彼らは大通りの端までぶらぶらと歩いていく。マキシムの所有者が建てたカジノに行けば、階上の舞台で有名な歌手が歌うのを眺めることができるし、さもなくば、階下のダンスフロアで髪をポマードでなでつけた男性と細いスカートをはき髪を美しくセットした女性がタンゴを踊るのを眺めることもできる。しかし最大のアトラクションはギャンブル・ルームだ。そこでインドやアラブの王様と並び混じって、サイコロをころがしたりバカラで運試しをしたりして楽しむのである。

　そんなゴントー=ビロン通りには､賭けの勝者やおしゃれな旅行者のために高価な服を売るエレガントな店が立ち並んでいた。アンリ・ド・ロスチャイルドはりゅうとした白いフランネルのスーツを着て散歩をし、マロイ伯爵夫

イラストレーターのセムが、
ポロのスティックと帽子の箱と
シャネルを抱きかかえる
ボーイ・カペルのイラストを描いたとき、
シャネルは有名人への道を
歩み始めていた。

人は鮮やかな色のドレスを着てあちこちに出没し、ノーアーユ侯爵夫人は羽根飾りがついた巨大な帽子を誇らしげにかぶって歩いていた。1913年には、アドリエンヌという名のかわいらしい若い女性がそんなおしゃれ人士の仲間入りをする。シンプルな帽子と飾り気のない裏地つきのラップ•コートなど、シャネルの新しいブティックでそろえた衣装に身を包んで、アドリエンヌは町を練り歩く。シャネルの最も若い叔母であり親友でもあった彼女は、シャネルの服を着て歩くモデルとして雇われていたのだった。

とはいえ、最も効果を上げた宣伝媒体は、ボーイ・カペルだった。若々しいシャネルを連れて、カペルは競馬場で自分の馬に賭け、ポロ競技場ではシャネルの声援を受けて最高のプレイヤーという評判にたがわぬプレーを披露した。社交界の人気者だった彼は、パーティだのイベントだのがあれば必ず声がかかった。彼がお祭り騒ぎの一つをキャンセルしてシャネルと食事をしている現場が目撃されたある夜には、落胆のムードが社交界を覆った。この二人が一緒にいる光景はドーヴィルの美女たちにとってはショックだった。美女の一人がシャネルにこう言っている。「あの時、カペルはあなた一人のためにわたしたち全員を見捨てたってことがよくわかったわ」

ボーイ・カペルとシャネルのゴシップは野火のように町中に広がり、すぐに活字媒体にも書かれ始める。シャネルにとっては、自分の名前がゴシップ欄に載り、社交界ページにカリカチュアを描かれることは、これ以上ないくらいの宣伝になった。有名な漫画家セムが、ポロ・スティックと帽子の箱を持ったカペルと、その首にしがみつくシャネルの絵を発表したとき、彼女は成功を約束されたも同然だった。セムがファッション漫画の連載を始め、ドレスのヒントはシャネルから、とクレジットに書いたとき、彼女は名声に向かって突き進んでいた。

パリで感じた居心地の悪さはドーヴィルでは消えていた。海辺のリゾートだったので、彼女は外の空気を満喫し、高級レストランでの食事を楽しみ、高価な帽子を売りさばき、裕福な客にはアクセサリーも売った。時に冷え込むこともある天候に関しては、暖かさを保つためにあれこれと努力した。ある日、寒

セムは、
彼の本『真実とシックな嘘』のなかで、
シャネルのエレガントなスタイルを
引用した。

さにたえかねて、シャネルはいつものようにカペルからセーターを拝借した。しかし、自分の服を押しつぶしてしまうのがいやだったので、それを頭からかぶるようなまねはしなかった。代わりに、彼女ははさみを手に取り、正面をチョキチョキ切り、切り端はリボンでかがり、襟と大きなリボンをあしらってから身につけた。これはすぐにヒットした。ほかの女性たちは値段も聞かずに同じものを欲しがった。シャネルはたちまち10着売った。「わたしの財産の土台になったのは、あの古いジャージーね」と彼女は何食わぬ顔で言う。「ドーヴィルであまりにも寒い思いをしたというだけなのに」

実用性を追求することによって、彼女は自分のスタイルを作り上げていった。ハンド・ニットの素材は、ぎっしりと刺繍を施された生地や高級タフタ、あるいは当時人気のあったウールとも全くかけ離れたものだった。シャネルのジャージーは流れるように柔らかく、体の動きに合わせて動き、体に心地よい自由を与えてくれるのだ。まもなくシャネルはこの素材を使ってほかの服も作り始める。とりわけ力を入れたのがジャケットとスカートのアンサンブルである。しかし、ハンド・ニットのジャージーはシャネルの好みよりも

シャネルはアーガイル・セーターを、
ジャージーの服に応用した。
ボーイ・カペルの
ジャージーのセーターを借り、
ドレスに作り変えると、
このドレスはたちまち売れた。

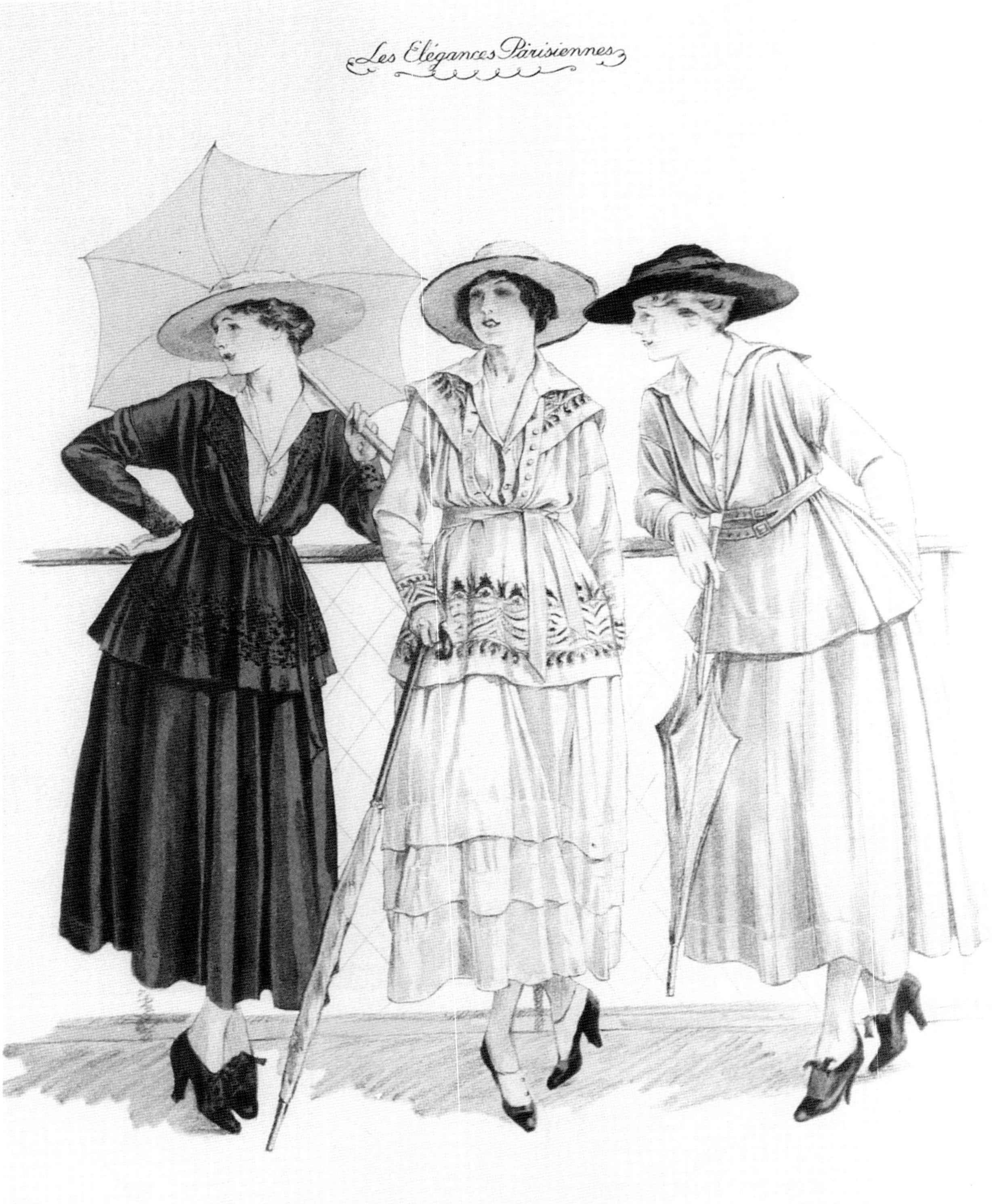

COSTUMES DE JERSEY

Modèles de Gabrielle Channel (*fig.* 257, 258 *et* 259)

厚ぼったかったので、彼女はより薄くて軽いほかの素材を探し始めた。この実用主義は、正しい方向にシャネルを導いていくことになる。

繊維会社ロディエは、男性用下着の素材として売るはずだった機械編みの商品をシャネルに見せる。彼女はこれだ、と思った。ベージュ色のニットはロディエにとっては失敗作だったので、シャネルはきわめて安い値段でこれを買い取ることができる、と確信した。探していたものが見つかった、と言った彼女は、ロディエの驚きをよそに、在庫数以上の商品を注文した。生地が届いたとき、シャネルは余分なものをそぎ落とした楽なスタイルを作るべく、生地をシンプルな線にそって裁断した。

ほかのデザイナーの作るスカートは長くてタイトなうえに、足首のところでさらにすぼまる、というものだった。上半身にはひざ丈のチュニックを合わせるのがお約束だった。シャネルのスカートは違った。ゆったりとしていて、丈も短かった。シャネルの作るすっきりとした服は、ほかのデザイナーの作る体を締めつける服とは全く異なる服だったが、女性はシャネルを着ると若々しくセクシーに見えた。シャネルの服はたちまち受け入れられた。時代との相性も最高だった。シャネルがファッションを変えつつある時代は、ヨーロッパも時代のムードを変えつつあったのだ。

シャネルが店を開いて１年後、ドーヴィルは大混乱に陥った。1914年の夏に第一次世界大戦が勃発すると、男はみな戦場へ送られ、休暇を楽しんでいた貴族はあわただしく荷物をまとめて故郷へ向かい始めた。活気あふれる海辺の温泉リゾートは、家から人がいなくなり店にシャッターが下ろされるにつれて、さびれたゴーストタウンと化した。

しかし、ボーイ・カペルの強い勧めに従って、シャネルは店を閉めなかった。カペルはフランス人将校ジョルジュ・クレマンソーやイギリスの首相ロイド・ジョージと親しく、そのつてで商売が大繁盛していた。利益を増やしていたカペルは、戦争から利益を得る人間はほかにもいるはずだと読んだのである。資本家の抜け目ない直感は正しかった。まもなく世界中から戦時利得者がドーヴィルに押し寄せてきた。ギリシアの武器商人、アルゼンチンの牛肉生産者、中国の絹商人、フロリダの柑橘類栽培業者が、この有名なリゾートに押しかけてきたのである。

戦争で都市が荒廃し始めると、裕福な家の人々は家を放り出し、身の回りのものだけを持って安全なドーヴィルに逃げてきた。女性たちは新しい服を探して、白い日よけに黒文字で「シャネル」と書かれたブティックへと向かった。服を売る店といえばそこしかなかったのである。ドレス一着3000～7000フラン（平均すれば今日の2000ドルに相当）という法外な価格にもかかわらず、彼女たちはシャネルの服を買っていった。

戦場がヨーロッパ全土に及び、男性たちが前線で戦っている間、女性は銃

1916年、シャネルが提案した
シンプルなジャージー・スタイルと
短いスカート。
以後、女性服は
機能的な服へと向かう。
（『エレガンス・パリジェンヌ』より）

後で活動的な役割を引き受けていった。どんなに裕福であろうと、時計のチャイムに合わせて服を着替えるなどという悠長なことはやっていられなくなった。代わりに、女性たちは戦争協力のために力を合わせた。看護婦や助手として働いたり、赤十字病院で事務的な仕事をこなしたり、飢えに苦しむ人人のために食糧を調達したり、貧困に苦しみながら夫の帰りを待つ妻たちのために仕事を探したりした。こんな新しい生活においては、徒歩や自転車やバスで移動したりしなければならなかったので、自由に運動できる服装が求められた。コルセットなどいらず、着つけに召使いの助けもいらない、煩わしさとは無縁の服装が。ポワレやパキャンの作る、バストラインがせりだしたハイウエストのドレスやスカート、しかも足首まで丈のある長いものは、あまりにも動きづらかった。シャネルの作る流れるようなラインの服のほうが、合理的だった。実用に不向きな要素をそぎ落とし、動きやすさ優先で裁断されたシャネルの服は、時代の要請にぴたりと合ったのである。

第一次世界大戦中に仕事をした
女性たちにとって、
シャネルの
サファリ・ジャケットのスーツは
実用的な装いだった。

シャネルのファッションの需要は高まり、1915年、彼女はさらに支店を増やす。ビアリッツのクチュール・ハウスである。スペイン国境付近というロケーションは、王室の夏の別荘を訪れる客、休暇中のロシア貴族、中立国スペインの裕福な戦争利得者たちにとって、恰好のショッピング・スポットであった。

大西洋の両岸で、シャネルは話題をふりまいた。アメリカの『ハーパーズ・バザー』誌はビアリッツのコレクションの一つ、「チャーミングなシュミーズ・ドレス」を紹介し、続いてアメリカの『ヴォーグ』誌はさらに多くの誌面を割いてシャネルの服を紹介した。ジャージー製のサファリ・ジャケットとスカート、毛皮の縁飾りをつけたケープやポケットつきのコートなど、何もかもが無頓着なくつろいだムードをもっていた。アメリカはシャネルのファッションの普及に貢献しただけではなく、彼女にインスピレーションをも与えている。シルクのフリンジをあしらったサテンのカウボーイ・ドレスはシャネルがアメリカからヒントを得て作ったものだが、これは『ヴォーグ』誌で大々的に取り上げられている。

シャネル自身も新しい女性像の模範になりつつあった。スリムでヒップも小さくほとんど胸もないという体型の彼女は、コルセットを脱ぎ捨て、短いスカートをはき、長い髪をばっさりと切り、若々しい顔を健康的に日焼けさせていた。愛する男性と公然と同棲するが、結婚はしない。しかも、大発展しているビジネスの経営者として経済的に自立していた。

支店２店を人に任せ、シャネルはパリに戻って仕事に専念した。生活のなかで新しい問題が起きるたび、彼女はそこから新しいアイディアを得た。雨の日に運転手付きで買い物に行けるような女性はもはやいなくなったので、女性を雨風から守るコートが必要になると見て、シャネルはゴム引きのコートを作る。運転手が着る外套を基本にしたもので、深いポケットと調節可能なカフスがついている。楽しげなローズとブルー、そして基本の黒と白、という色調で展開したが、全色魅力的だったので、色違いで３着購入した客もいたほどだ。まもなくシャネルには、北アメリカからアルゼンチンに至るまで、イギリスからロシアに至るまでの顧客がつくようになる。

今や仕事部屋にあふれるほどの仕事を抱えるシャネルは、十分に稼いで、カペルに借りたお金を全額返済した。カペルと住んでいたアパルトマンを出て、トーキョー河岸に自分の住み処をもった。自分の店も、カンボン通り21番地から31番地へと、数軒隣に移した。1919年のことだった。シャネルは後に語っている。「ある朝、目覚めたら有名になっていた」と。35歳で、彼女は世界の頂点に立った。

カペルがプレイボーイであることぐらい、シャネルは以前からわかっていた。あまりいい気はしなかったが、受け入れねばならない事実であった。カペルをまるごと手に入れることができなくても、少なくともほとんどの時間はカペルはシャネルのものなのだ。しかし、商売上の事情とイギリス諜報部での仕事のためにカペルがロンドンへ戻らなくてはならなくなったとき、カペルは生活を劇的に変えた。愛人を取っ替え引っ替えする生活にもはや満ち足りず、彼は妻を探し始めた。戦争が終わる頃には、もてもての独身男は結婚すると宣言した。フィアンセはダイアナ・ウィンダム、イギリスの貴族の娘だった。カペルがこういう形でシャネルを拒絶したことで、シャネルの心はずたずたになった。

思えば警告のサインはずっと点滅していたのだ。カペルは出世街道をつきすすむ男だったが、シャネルは彼を後押しする階級も富も持ちあわせていなかった。トパーズがついた金の指輪など後生大事にしているいくつかのものを除いて、カペルからもらった贈り物はすべて返した、とシャネルは友人に語っている。たとえ贈り物を返したって裏切られたという思いには変わらない。でも、シャネルは彼をなかなかあきらめることができなかった。そしてカペルもまた、二人の絆を絶ちきりたくはなかったのである。

結婚し、９ヶ月に満たないうちに娘が生まれても、カペルはフランスに来てシャネルに会い続けた。シャネルのほうでもいつも歓迎した。1919年のクリスマスの２日前、パリの近くのシャネルの家で別れの挨拶をしたカペルは、スポーツカーに乗って、妻と休暇を過ごす予定の南フランスに向かった。しかし、カンヌへ向かう道の途中で、タイヤの一つがパンクし、車は衝突事故を起こした。運転手はけがをしただけだったが、ボーイ・カペルは死んだ。この知らせは破壊的な衝撃をもたらした。

最初は父の行方不明、そして次はカペルの死。２度も、シャネルは最愛の

STORM-PROOFING THE PARISIENNE

By Force of War and Weather, the Utilitarian Rubber Coat Rises to Distinction

By JEANNE RAMON FERNANDEZ

Sketches by Georges Barbier

WAR and the lack of motors has brought into prominence a garment which, while not indeed new, has none-the-less assumed new forms in honour of its admission into the wardrobe of the woman of fashion. This garment is the rubber coat, which, despite its origin of humble usefulness, has, by force of circumstance, become a very distinguished costume. Those women who took active part in the work of the Y. M. C. A. and kindred war organizations early adopted the military rubber coat in blue or khaki rubber cloth. Seeing this, the woman of fashion, even though not engaged in war work and not, as a rule, obliged to go out in the rain, decided that she also must have her rubber coat. Even though such a garment was not a requirement of her daily life, she could at least find a use for it on the beach or in the country, when she went out to face the storm and let the wind and rain lash her pretty cheeks to a rose tint not to be found in any *salon de beauté*.

CHANEL MAKES RAINCOATS

Chanel, in particular, has devoted much time to the making of engaging rubber coats, white, rose, blue,—of all colours and in every form, but always practical, easy to wear, and fastening close and high at the neck. Among the Chanel models is the coat of brilliant black rubber, on the lines of the coachman's or chauffeur's coat. This coat narrows slightly toward the bottom and has two great pockets at the sides; the collar consists of two straight scarf-ends about twelve centimetres wide, which are crossed in front and thrown back over the shoulders, falling down the back. A belt of the same width fastens with two buttons, either very low or very high, according to the fancy of the wearer. A loose tab with one or two buttons fastens the sleeve at the desired width. I know one woman who has three rubber coats of different colours cut on exactly these lines. Yet another form adopted by this newly smart garment is the soft rose coloured rubber coat with a collar ending in two points which fall down the back weighted with tassels.

The rains may descend and the floods come, but the Parisienne defies them; gloves, hat, coat, and boots, all are weather-proof

THE PARISIENNE AS MÉNAGÈRE

After all, even the woman of fashion has real need of these garments to-day. There are so many material questions which come to distract her attention from those intellectual delights which make up her life. Must she not in these days even go to the markets to order the household milk and fruit, under penalty of being reduced to living on boiled potatoes exclusively?

For these journeys to the market, could she consider wearing her elaborate frocks or even her simplest tailored costume, especially if it rains—and it always does rain. The ideal garment for these essential outings is the rubber redingote, blue, green, or black, in which she may walk in comfort untroubled by the awkward umbrella. Its great collar protects her throat; her little hands are thrust in its great pockets; and her hair is protected by a little hat of matching oilcloth. Could any garments be more practical?

papillon et chrysalide.

(Left) When half the dripping length of the Champs Elysées lies between one and tea at the Ritz, with never a taxi to bridge the gap, this is the French solution

(Right) Those joyous souls who are still twenty-one, adopt and adapt the famous great-coats and the picturesque caps of the Paris car-starter and the mountain shepherd

le caban et la limousine.

常に実用主義者であったシャネルは、
防水のゴム引きコートを作った
最初のデザイナーの一人である。
運転手の外套からヒントを得て、
これをシャネル・スタイルに
変えたのだった。

男性を失ったのだった。経済的な成功がシャネルの魂を麻痺させていったように、見捨てられた経験は彼女の心を焼き焦がしていった。カペルの死という悲劇で、彼女は絶望のどん底に陥った。父が、愛の味とはどんなものだろうとシャネルを悩ませたとするならば、カペルは、愛し愛される饗宴のすばらしさを彼女にたっぷりと味わわせたのだった。カペルは書物の魔術的な世界や東洋宗教の神秘世界に彼女の目を開かせてくれた。シャネルの能力を導き、自信を与えてくれた。常に自分が女であることを自覚させてくれた。ビジネスの基礎を教育し、財務の基本を教えてくれた。そのおかげで、彼が死ぬまでにはシャネルの店は誰にも頼ることなく経営できるだけの利益を上げていた。カペルの遺志が公にされたとき、彼は常にシャネルのことを気にかけていたことが明らかになった。財産の大部分である70万ポンド（今日の2000万ドルに相当）を妻と子に遺したが、別枠で４万ポンド（100万ドル以上に相当）をシャネルに遺したのである。

カペルほど愛した男は後にも現われなかった。シャネルは、自分が心から愛した男はカペル一人だけ、と生涯にわたって言い続けた。どこへ行こうと、誰と出会おうと、その経験はシャネルにとってはカペルがもたらしてくれたものだった。ほかの男性とも出会い、さまざまなロマンスも経験することになるが、情熱よりもはるかに大切なことは「温もり、優しさ、愛情、理解」であることをシャネルに教えたのは、カペルだけだった。孤独にうちひしがれて、シャネルは友人を寄せつけず、仕事に向かう努力を２倍に増やした。

左ページ解説
「嵐をよせつけないパリジェンヌ」と題された記事。筆者はジャンヌ・ラモン・フェルナンデス。第一次世界大戦時、運転手付きの車で移動することがままならなくなった女性たちにとって、シャネルがデザインしたゴム引きのレインコートは実用的でおしゃれな必需品となっている、と紹介する。

イラストはジョルジュ・バルビエによるもの。イラストと同様、添えられた解説もなかなか粋である。中央のイラストには、「雨が降っても洪水が襲ってきても、パリジェンヌはこわくない。完全防水の手袋と帽子とコートとブーツがあるからね」。

「蝶と繭」と題された左のイラストには「オテル・リッツまでお茶を飲みにいきたい。でもタクシーがいないからシャンゼリゼを濡れて歩かねばならない。そんなジレンマをフランス的に解決するのがこのコート」と書き添えられる。

「パイロットコートと羊飼いのマント」と題された右のイラストの解説は、「21歳のわくわくしたハートをもち続ける女性は、パリの発車係や山の羊飼いの厚地のコートと風変りな帽子を拝借してアレンジ」。

さらに筆者は、マーケットに食料を注文にいくという主婦の役割をはたすときにも、傘にわずらわされることなく雨の中を移動できる理想的な服である、とこのレインコートを奨励する。

1916年、『ヴォーグ』は
シャネルの黒いチュール・ドレスを
紹介した。
毛皮の縁飾りがつき、
小さな木のビーズで刺繍が
施されている。

シャネルのシャルムーズ
(繻子に似た薄織物)・ドレス。
毛皮の縁飾りがあしらわれており、
1916年時点でライバルだった
パトゥやパキャンのドレスよりも
丈が短く、柔らかな印象。

1919年、『ヴォーグ』は
スマートでセクシーな組合せとして、
シャネルの黒いベルベット・ドレスと
ジェット(黒玉)のアクセサリーを
紹介する。
黒はシャネルを代表する色となった。

ポケットとボタン飾りがついた
シャネルのジャージーの
シャツドレスは、
キャリア・ガールにとっては
完璧なドレスだった。

1916年、
アメリカのカウボーイからヒントを得て
シャネルが作った
黒いシルクのふさ飾りがついた服。
黒いハンカチーフ・タイが
あしらわれている。

シャネルは
手がすっぽりと入る
深いポケットを愛した。
ずらりと並んだボタンの列は、
服を際立たせるため。
1916年に作った
この茶色のベルベットのコートには、
ペルーの毛皮をあしらった。

黒いシャンティイ・レースの
華奢なイブニングドレスと
ジェットのアクセサリーの装いは、
1919年の『ヴォーグ』で紹介された。

シャネルは午後の遅い時間や
イブニングのための装いには、
女らしいテイストを好んだ。
このティアード・スカートと
ジャケット型のボディスの組合せは
1919年の作品（『ヴォーグ』より）。

この白いシャンティイ・レースの
ウェディング・ドレスは
1919年の作品であるが、
シャネル自身は
一度も花嫁になることはなかった。

シャネルの洗練の極みのような、
毛皮の縁飾りと深いポケットのついた
ベルベットのコートは、
1919年に『ヴォーグ』で紹介された。

Theatrical Attachments
劇場との縁

劇場は常にシャネルの人生にさまざまな形で関わってきた。若き日にムーランで歌手修業をしていた日々から、ロワイヤルリューで女優が最初に彼女の帽子をかぶった時代を経て、女優たちと親交を結び自らもスターになることを夢見た日々に至るまで、シャネルは劇場の有名人に囲まれていることに熱心だった。パリでは何年も前から、最もメディアの話題をさらっている女優、セシル・ソレルに会いたい、と願っていた。ソレルにぜひとも顧客になってもらいたくて、シャネルは、顔の広いボーイ・カペルの背中を押して、自分たちを紹介してもらえるよう画策を頼んだ。そしてついに1917年の春、華麗なるソレルから晩餐会への招待状が届いた。

舞台女優セシル・ソレルは、華麗なスタイルで有名だった。

ヴォルテール河岸にあるこの女優の名高いアパルトマンの中は、その名声にふさわしくドラマティックに飾られていた。大理石の床には豹皮の敷物が敷かれ、窓には豹柄のカーテンがかけられていた。居間の壁は青と金の木工細工で飾られ、本棚には押し型で装飾した革装丁の本が並んでいた。コーナーにはコロマンデルの屏風が置いてあり、ずらりとそろったアンティークの中にはゴンドラ型の遊覧馬車まであった。これだけのインテリアを目にしても、シャネルはあまり心を動かされなかった。友人には、この部屋の様子を鋭い批評眼と毒舌でこう評している。「銀製品には光沢がないし、家具はぜんぜん磨かれてないし、きめの粗い鏡板は漆喰みたいだし、金色のテーブルクロスは金色じゃなくて土色だった」。部屋はともかく、モリエール喜劇のスター女優、ソレルその人はとても好きになった、とシャネルは認めている。他のゲスト、たとえば作家のジャン・コクトーや壁画家のホセ=マリア・セール、そしてその愛人ミシア・エドワールは退屈を感じる暇もない面白い人たちだった。

セシル・ソレルの家での
ディナーのあと、
この女優はシャネルの顧客になる。
彼女はこのストライプの
チュニック・ドレスを
1918年の「コンスタンタン神父」の
上演の際に着用した。

シャネルは
毛皮の縁飾りを使うことを好んだ。
1920年に発表した
この赤いベルベットのラップ・コートでは、
スカートとカフスに
猿の毛皮を用いた。

リラックスした
ベージュのジャージー・スーツ。
深いポケットのついたスカートと
気楽にはおれるジャケットは、
典型的なシャネル・ルックである。
柔らかなボウ・タイのついた
ブラウスとシンプルな帽子、
ツートーン・カラーの靴が
合わせられている。

セシル・ソレルが演劇界の重要人物だとすれば、ミシア・エドワールはパリの芸術界の中心人物だった。音楽家筋のポーランド系の名門の家に生まれたミシアは、自身も才能あるピアニストだった。同時に、詩人、作家、画家、音楽家との交わりを楽しむ情熱的な社交家でもあった。ベル・エポックの華だった彼女は、際立った個性で作家たちにインスピレーションを与え、円熟した美しさで当代きっての画家たちにミューズとして讃えられた。たとえばマルセル・プルーストは『失われた時を求めて』に登場するプリンセス・ユルベルティエフのヒントを彼女から得た。また、トゥルーズ=ロートレック、ルノワール、ヴュイヤール、ボナールは、彼女にモデルになってほしいと請い、その結果、今日、世界中の美術館に彼らが描くミシアの絵が飾られている。

ミシアは魅力あふれる恋多き女として名を馳せていた。裕福な従兄弟であったタデ・ナタンソンとのロマンスの結果、最初の結婚をしたが、人妻の身でありながら新聞王アルフレッド・エドワールと恋に落ちた。エドワールとの２度めの結婚の最中にスペイン人の画家ホセ=マリア・セールと恋仲になり、エドワールと離婚する。ミシアがシャネルと出会ったのは、セールとの３度めの結婚の直前だった。

食卓の向う側、インテリアにアクセントを添える鮮やかな赤い椅子に座ったシャネルは、神秘的とも呼べる力でミシアを魅了した。口数少なく、一見恥ずかしがり屋で、まださほど有名ではなかったシャネルだったが、独特のスタイルと鋭い知性の持ち主であることは明らかで、年上のミシアは興味をそそられたのである。ディナーが進むにつれ、ミシアはほとんどシャネルから目を離すことができなくなった。食事も終わり、客たちが帰り支度を始めたとき、シャネルは自分が着ていた毛皮の縁取りを施した深紅のベルベットのコート(『ヴォーグ』にも掲載されたコートだった)を、ミシアの肩にふわりとかけた。この夜はシャネルの転機となった。ソレルを顧客として獲得することに成功し、「コンスタンタン神父」で彼女が着るジャージーの衣装を作ることになったばかりでなく、ミシアとの生涯の友情が始まる日になったからである。

社交好きで女王様のようなところがあったミシアは、新しい才能を発見してそれを世に送り出すことにこの上ない喜びを感じていた。親しい友人の中に、セルゲイ・ディアギレフがいた。

1920年代のシンプルなおてんば娘スタイルとは、
てかてか光るショートヘアとすとんとしたフロック・ドレスのこと。
黒いモスリン製のこのシャネルのドレスもそうである。

左のシャネルのドレスは、
3段のティアード・スカートとソフトなジャケットの組合せ。
右のアンサンブルは典型的なシャネル風で、
ドレスとコートの裏地がおそろいになっている。

バレエ・リュス(ロシア・バレエ)をフランスに紹介した、魅力あふれるロシアの興行主である。二人の友情を支えていたのはゴシップだったが、どちらもスキャンダルだけを生き甲斐にしているわけではなかった。ケープを翻して歩くエネルギッシュなディアギレフは、スケールの大きな想像力の持ち主で、ダンス、音楽、舞台美術、舞台衣装、そしてファッションの世界に深い影響を及ぼしていた。ミシアは目もくらむような芸術家グループの世話役を自ら引き受け、彼らを精神面と経済面の両面から支援していた。実際、企みごとが好きなミシアは芸術家グループの中心的存在となり、昼間は彼らを世間に広く知らしめるエージェントとして、夜は彼らをもてなす女主人としての役割を果たしたのである。そして、芸術家の仕事がしかるべき注目を浴びるよう配慮することを自らの仕事としていた。おそらくシャネルの天分も一目で感じ取ったミシアは、すぐにシャネルとの友情を築こうと思い立ったのだ。

ミシアとシャネルはたちまち意気投合した。ホセ=マリアは恋人が他の女性に夢中になるのを見てショックを受けた。しかも、ミシアとその女性は全く異なるタイプなのに……。セシル・ソレル宅でのディナーの翌日、ミシアはさっそくカンボン通りのシャネルの店を訪れた。その夜、シャネルはミシアとホセ=マリアをディナーに招き、ボーイ・カペルも加わって一緒に食事を楽

上左：1916年の『ヴォーグ』は、シャネルのドラマティックなコートを紹介している。茶色のうさぎの毛皮があしらわれた、ジャージー製のワイン色のティアード・コートである。

上右：ミシア・セールは当時の代表的な画家たちの美の女神であった。1904年に描かれた彼女の肖像画はルノワールの手になるもので、テル・アヴィヴ美術館に飾られている。

右ページ：1925年、オペラの開幕舞踏会では、ミシア・セールとボーモン伯爵が「メリー・ウィドウ」のコスチュームに身を包んで現われた。

しんだ。やがて、カペルがますますイギリスに長く留まるようになるにつれて、シャネルは自分に夢中の新しい友人、ミシアと過ごす時間を多くもった。金持ち男と競馬の世界から芸術家の世界へと、シャネルは徐々に移行していった。

しかし、カペルが亡くなると、シャネルはひとりで引きこもるようになる。何ヶ月も彼女は絶望へと沈み込んでいくような生活を送っていたが、セール夫妻が彼女を元気づけようと、ハネムーンに一緒に行かないかと誘ってくれた。シャネルにとっては数年ぶりの休暇である。承諾するや、3人はヴェネチアへと旅立った。浪費家のホセ=マリア(彼はサスーン家、ロスチャイルド家、フィップ家から注文を受けるような画家であり、作品はニューヨークのウォルドルフ・アストリア・ホテルやロックフェラー・センターに今なお飾られている)は、案内役を買ってでた。きついカタロニアなまりのフランス語で、ホセ=マリアは建物の美しさをとうとうと語り、豊富な知識を披露して絵画を生き生きと蘇らせるのだった。精力的なミシアは旅の演出家として采配をふるった。夫妻はシャネルを美術館から美術館へ、レストランからレストランへと連れ回し、芸術や生活芸術について、シャネルに教育し続けたのである。

左:派手な興行師、
セルゲイ・ディアギレフは、
パリにバレエ・リュスを紹介し、
あらゆる芸術分野に
多大な影響を及ぼした。

右:セシル・ソレルは
フランスで最も名を知られた
女優の一人であった。
シャネルがミシア・セールと
初めて出会ったのは、
ソレルのアパルトマンであった。

エティエンヌ・ド・ボーモン伯爵は、
貴族という地位と
芸術的創意を結びつけた。
シャネルがジュエリーのデザインを
開始したときにも、
手を貸している。

セール夫妻がシャネルのために力を入れて準備したある夕食会で、シャネルはミシアが知るかぎりの有力人士に紹介された。ギリシアの皇太子やヴォルピ伯爵夫人をはじめとするあらゆる名士である。彼らはみな機知に富み、衣服のセンスもよく、有力者と縁故関係をもっていた。ある夕方、水路沿いのカフェでセール夫妻はディアギレフと出会う。ディアギレフはシャネルの美しさに目を留めると、自分のお気に入りのバレエを再上演する資金がないことを大げさにぼやいた。また、滞在中には優れた作曲家、イゴール・ストラヴィンスキーにも出会った。そうこうするうちに、ゆっくりと、シャネルは憂鬱から抜け出していった。

パリに戻ると、ミシアは自分の取巻きグループにシャネルを紹介する。この派閥のなかには、芸術家のパトロン、エティエンヌ・ド・ボーモン伯爵、劇作家のジャン・コクトー、画家のパブロ・ピカソ、詩人のピエール・ルヴェルディ、そしてディアギレフももちろんいた。シャネルは気前よく、このロシアの興行主に気に入られるような行為をする。あるバレエを上演できないでいるという彼の愚痴を思い出して、援助の手を差しのべたのである。予告なしにディアギレフの滞在するホテルを訪れ、「春の祭典」を上演できる金額を小切手に書いたのである。条件はただ一つ、シャネルが金を出したことを友人たちに言わない、ということだけだった。この驚くべき雅量をディアギレフは生涯忘れなかった。

こんな寛大さもシャネルの魅力を高めたことは間違いないが、ともかく彼女は芸術家たちにたちまち受け入れられた。芸術家の世界は、創造性が満ちあふれ、知的な理念が精神をわくわくさせる、という刺激的な世界であった。戦争がかつての現実世界の理想を粉砕していたので、ダダイズム、シュールレアリズム、キュビズムといった芸術家たちの反応は、シャネルには理解することができた。それに、シャネルのミニマリズム(最小の装飾で最大の効果を生むデザイン)的なファッションへのアプローチも、芸術における抽象概念からさほどかけ離れたものではなかった。シャネルが前衛芸術家と過ごすことを楽しんだように、彼らもシャネルと過ごすことを楽しんだ。彼らはシャネルの信用証明書など問わなかったし、親戚が貴族か低所得者かなど、全く気にかけなかった。重視したのは才能と機知と知性だけである。シャネルは三つながら備えていた。

しかし、芸術家の世界には近づけても、結束の堅いフランス社交界には近づけなかった。ミシアはシャネルの広報官兼友人として、あらゆる種類のパーティの招待状をシャネルのために確保しようとしたが、どうしても行きたい仮装舞踏会の招待状だけは無理だった。そう、仮装舞踏会。貴族が主催し、「最高の」人だけが参加を許される贅沢なこのイベントは、選ばれた人だけを楽しませるために開催されるのであって、クチュリエなど蚊帳の外なのである。舞踏会の規模は大きい。準備に何ヶ月もかけて、この世のものとは思われぬ舞台、途方もない衣装、贅を尽くした食べ物が用意され、ゲストの入場シーンにすら仰々しい演出が施される。

ボーモン伯爵夫妻がホセ=マリア・セールに自分たちが主催する舞踏会の装飾を頼んだとき、彼らはシャネルにもアイディアを求めてきた。しかし、こと招待状の段階になると、シャネルの名前はリストにはないのである。彼らにとって、クチュリエとは単に出入り業者や御用商人にすぎないのであって、同等につきあえる貴族ではないのである。このビッグ・イベントの夜、ミシアはシャネルなしでは行けない、と丁寧に参加を断わった。代わりに、ミシアとシャネルはお屋敷の外に立ち、ゲストを観察して彼らのうわさ話をした。これはミシアには愉快なことだったが、最初から除外されていたシャネルには面白くもなんともなかった。とはいえ、シャネルが上流社交界に受け入れ

作曲家イゴール・ストラヴィンスキーは
妻帯の身でありながら
シャネルを追い回し、
彼女の愛人の一人となった。

られた最初のファッション・デザイナーとして正式に招待されるようになるのは、ほんの1、2年後のことである。

ミシアはシャネルを人気のナイトスポット「屋根の上の雄牛」にも誘った。モンパルナスにある小さな騒がしいバーで、黒人のバンドがモーツァルトやジャズを演奏していた。常連が酔っぱらってはテーブルからテーブルへと移動して、まるでプライベート・クラブのように振る舞っていた。ここを開店したのはジャン・コクトーで、今やディアギレフ、作曲家のエリック・サティやダリウス・ミヨー、ダンサーのセルジュ・リファール、作家のコクトーやモーリス・サックス、そして貴族のプリンス・オブ・ウェールズやボーモン伯爵、といった名士のたまり場になっていた。時折、ディアギレフの恋人、ニジンスキーもやってきた。陰気な詩人、ルヴェルディやその親友のパブロ・ピカソも。

創造的な才能をもつ人々に
囲まれるシャネル。
流行の先鞭をつける
イブニング・パンツで装ったシャネルが、
ダンサーで振付け師の
セルジュ・リファール、
ノーアーユ侯爵夫人、
ヴェラ・スーデスカンらと過ごしている。

シャネルは、この男性的なスペインの画家の鋭い目や力強い存在感に威圧され、魅了された。ピカソの愛人になることを夢見たが、試みはうまくいかなかった。ピカソはディアギレフの美人ダンサーの一人、オルガ・コクロヴァと結婚したばかりで、新妻を構うのに忙しく、シャネルに関心をもつ余裕がなかったのである。とはいえ、後にピカソはパトロンになる。妻がシャネルのブティックで買い物をしはじめた頃である。時々、妻が町を出てピカソが一人淋しく残っているようなときには、シャネルはアパルトマンに彼を誘った。彼女はピカソへの崇拝の気持ちを失うことなくもち続けた。彼を「偉大なる友人」と呼び、そのエネルギーと決断力を敬い、スタジオをたびたび訪れ、20年間も親交を結んでいる。ピカソのほうでは、シャネルを「ヨーロッパで最もセンスのよい女」と呼んでいる。

ミシアいわく「シャネルにぞっこん」になったのは、スペインの画家ではなく、ロシアの音楽家、ストラヴィンスキーであった。二人が出会ったとき、ストラヴィンスキーはすでに「火の鳥」、「ペトルーシュカ」、そして「春の祭典」の作曲家として名を知られていた。彼はシャネルの魅力的なルックスと好奇心の強さをほめた。その後まもなく、シャネルは気前よくガルシュの家を彼に貸し、ここに彼は妻や家族と一緒に移り住んだ。ストラヴィンスキーは内気で臆病であるにもかかわらず、1920年の秋には毎日シャネルに会いに行き、音楽を教え、ロシアでの生活について語った。つまり、彼はシャネルに求愛していたのである。

彼の辛抱強さはついに日の目を見る。シャネルは彼の望みに屈した。奥さんにばれないかしら、とシャネルが懸念すると、ストラヴィンスキーは妻はすでに知っている、と告げた。こんな重要なことを妻以外の誰に打ち明けられようか、と彼は言うのである。この情事は長くは続かなかった。別れるときに、彼はカフ・リンクスと貴重なロシアの聖像をシャネルに贈った。ようやく短期間だけ、彼が家族のもとへ帰っている間に、シャネルは別の男との恋に出発していた。この作曲家を、世間知らずの亡命者から世慣れた一人前の男に育て上げた、という評判を勝ち取って。

Russian Airs
ロシアの香り

芸術家たちとの親密な関係。リッチなエリートたちとの恋愛。シャネルは両者の間で揺れた。知識に対する渇望と創造への欲求に背中を押されれば、彼女は詩人、作家、画家、音楽家を追い求めた。富に対する欲望と贅沢への憧れに引っ張られれば、彼女は貴族や上流階級の人々に引き寄せられた。貴族階級への興味が再びわき起こったのは、まだストラヴィンスキーとつきあっていた時代、ビアリッツでたまたま友人のマルト・ダヴェリと出会った後だった。ダヴェリの隣にいた男は、ディミートリー・パヴロヴィッチ大公、目をみはるほどハンサムな貴公子だった。シャネルが自分の恋人に目をつけたのを察知したダヴェリは、ディミートリー大公には金がかかりすぎる、とぼやき始めた。シャネルが望めばこの男は彼女のものになる、という暗黙のメッセージだった。

神秘のオーラに包まれたディミートリー大公は、シャネルが少女時代に読んだ小説に登場する男のように、洗練された容貌をもち、優雅な礼儀作法を身につけていた。かつてはロシアの騎兵隊のメンバーだったというエリートであり、皇帝の陰のアドバイザー、怪僧ラスプーチンを暗殺した３人の中の一人であることが知られていた。興味をかきたててやまないこの大公は、シャネルよりも11歳年下だった。友人の警告を無視して、シャネルは行動を起こした。崇拝するような視線、甘い猫なで声、しなやかな身のこなしで大公を誘惑する。ストラヴィンスキーに背を向けると、彼女はディミートリー大公をモンテ・カルロへのドライブへと誘う。彼は喜んで承諾した。

ディミートリー大公は、サンクト・ペテルブルクの広大な宮殿でイギリス人の乳母たちに育てられた。皇帝アレクサンドル２世の孫であり、皇帝ニコライ２世のいとこにあたる。本物の貴族階級の趣味とスタイルを身につけており、ロシアでは最も裕福な青年の一人であった。しかし、ラスプーチン暗殺で皇帝を怒らせ、祖国を追われて亡命を余儀なくされたのである。高価な宝石類などの財産は隠し持ってくることができたけれど、ルーブルはほとんど手元になく、今やほとんど一文無しであった。

気の向くままに次から次へと、
シャネルは貴族と
芸術家の間を行き来した。
最初のボーイフレンドは貴族、
次のボーイフレンドは芸術家、
というふうに。
この写真はお気に入りの
スーツ・スタイルで決めたシャネル。
ベルトとポケットのついた
短めのツイード・ジャケットは、
襟が二重になっており、
袖口は折り返されている。
スカートもおそろいの服地で作られている。

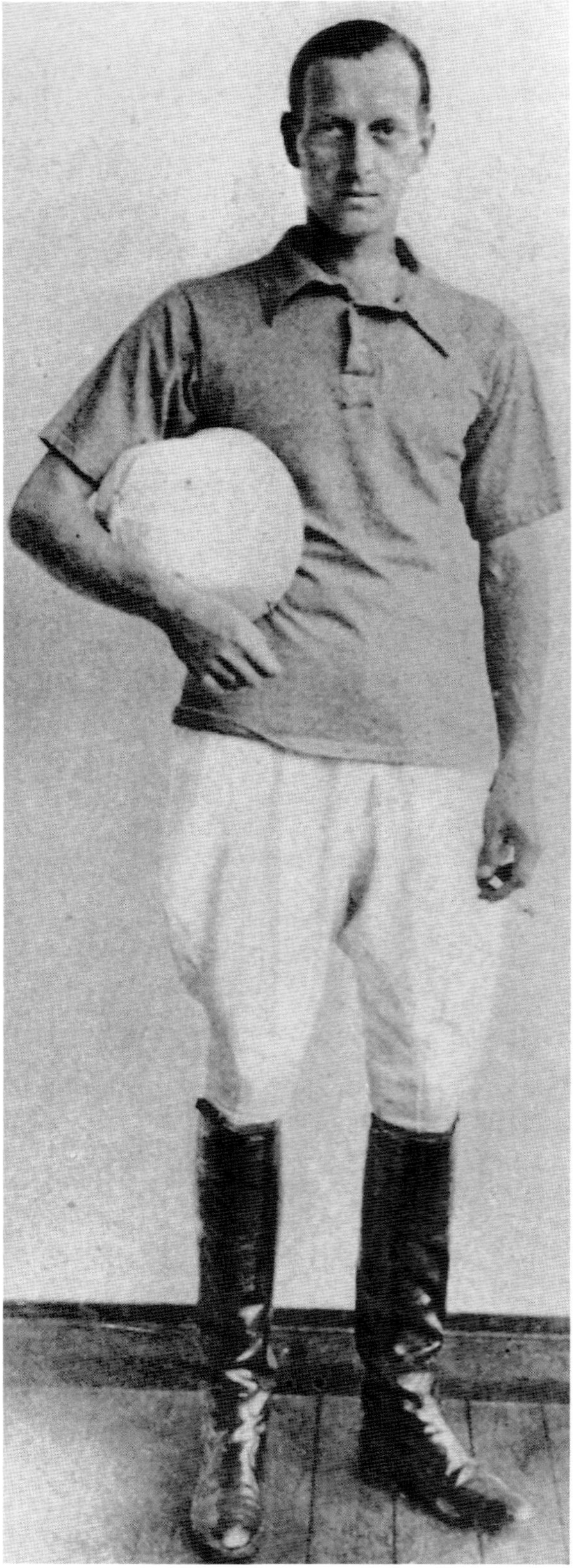

シャネルと大公が出会った夏、シャネルはボルドー近くの海辺にある家を借り、昼間は海で遊び、夜になるとカジノでギャンブルをする、という夢のような快楽の日々を共に過ごした。シャネルがおしゃれな衣服や贅沢な住居を大公に贈る一方、大公はシャネルにすばらしい真珠の長い首飾りやずしりと重い金の鎖、ルビーやエメラルドや半貴石などをちりばめた十字架を贈った。ディアギレフのバレエの一シーンのように、宝石や毛皮や洗練されたマナーは、別世界で見るもののようだった。ディミートリー大公が与えたロシアの影響は、やがてシャネルの作品にも新しい可能性を与えることになる。

ディミートリー大公からの贈り物で飾られたシャネルの写真が『ハーパーズ・バザー』に掲載された。短めの黒っぽいチュニックにプリーツ・スカート、それに「目もくらむほどの」大量の真珠で装った写真だ。編集者はこんなコメントを書いている。「単純さ、しかも金のかかる単純さを、今日のファッションの基調にしてしまったシャネル」。ショウルームでは、くっきりとした頬骨をもつ、血筋のいいすらりとしたスラブ系の女の子たちがモデルをつとめ、ディミートリー大公の手にキスをして「陛下」と呼んだりした。売り子たちも、ロシアの貴族の称号をもっていた。こんな店の雰囲気は、シャネルの名前が上流階級に属するものであるように顧客に思い込ませる効果を発揮した。根っからの上流好きだったシャネルは、有名なロシアの俳優を父にもつ長身のアイヤ・アブディを説得し、社交界の仲間入りをする助けをしてもらったりもした。彼女はキャリアを通してずっと、こんな策略的なパブリシティを行なってきたのである。早寝早起きの規則正しい生活を守り、夜は家で過ごすことを好む一方、シャネルの服で装った社会的な名声をもつ有名なレディたちを最高のレストランに招き、上流の仲間に加わることで、自分の名声を高める努力も怠らなかったのである。

ロシアの影響はこれだけにとどまらない。ディミートリー大公には、マリア大公夫人という姉がいた。かつては有名なクチュリエの服を着る身分だったが、今や多くのロシア貴族の例にもれず、亡命を余儀なくされ、経済的な基盤を固める必要に迫られていた。マリア大公夫人は、教養の一部として裁縫を身につけ、刺繡の技能にも秀でていたので、シャネルのもとで働くことになった。彼女は少数の有能な友人たちとともに独立した仕事場を設立し、フランス人のお針子よりもはるかに低いコストで、刺繡とビーズ飾りを生産したのである。(同時に、マリア大公夫人は友人たちに、家族を支える唯一の収入源を提供したことにもなる)

かつては裕福な身分でありながら今や貧窮の暮らしを強いられているこの女性たちは、とどまるところを知らないシャネルの想像力に大いに刺激を受けた。ブラウスや伝統的なロシア風チュニックに刺繡を施すことから始めた彼女たちは、まもなくジャケットやコートにビーズのへり飾りをあしらうようになり、やがてイブニング・ドレスに管玉や真珠を縫い込む作業までこなすようになった。刺繡ルックの人気が高まるにつれて、絵柄のバリエーションも広がり、陶器の花瓶やコプト風織物、東洋の絨毯、インドの宝石、ペルシアの細密画などを模倣した絵柄も作り出すまでになった。新しい素材も紹介した。シェニール糸である。マリア大公夫人が作ったかぎ針編みのシェニール糸の帽子をシャネルが発表すると、これは大変な勢いで売れ始めた。ジャージーはシャネルのメゾンの主力商品ではあったが、ロシアン・ルックが大ヒットした結果、デザイナーと技術者のほかに、仕事場で働くお針子の数は50人に増えた。シャネルの顧客たちにとって、ロシアン・ルックはお気に入りの一つになったのである。

もちろん、仕事場で生産されるものはすべて、シャネルの厳しいチェックを受けた。従業員がいかなる貴族の称号の持ち主であろうと、最高責任者はシャネルだった。シャネルの意志には従われ、シャネルの命令は行き渡り、シャネルの言葉はすべてを支配するものでなければならなかった。

朝、仕事を始める瞬間から、シャネルは頭を誇り高く持ち上げ、あごを引き締め、指揮官となった。黒っぽいスカートとセーターといういつもの装いで、狭い階段を上り、踊り場を三つ通過してアトリエに着く。袖をまくり上げ、床に置いたクッションに座り、たばこに火をつけ、仕事に取りかかるのだ。服を作り始める前にはスケッチも描かないし、型紙もおこさない。大ばさみとピン、そして色彩とラインに対する鋭いセンスだけを使って、結論を下す。目は強く光り、先に来ていたモデルにそっけなく挨拶をすると、リボンを通して首にかけているはさみを手に取り、ピンを持つアシスタントを隣に控えさせ、他のことをすべて忘れて洋服だけに集中するのである。こちら

ディミートリー大公は、
ラスプーチンの暗殺事件に
関与していたため、
いとこである皇帝ニコライ2世から
ロシアからの退去を命じられていた。

左ページ：シャネルの
多くの恋人たちと同様、
大公もポロと競馬を楽しんだ。
彼はロシアでは
近衛騎兵隊の一員だった。

モンテ・カルロのカジノ(左)と
オテル・ド・パリ。
シャネルのお気に入りリゾートだった。
ディミートリー大公と出会ったときも、
大公を誘って一緒に訪れた。

をざくざく切り、あちらをチョキチョキ切り、布を引いたり押したり、時にはモデルをピンで刺したりしながら、彼女は作品をまぎれもないシャネル・ルックに作り上げていくのである。マドモワゼル(と仕事場では呼ばれていた)が機関銃のような早口で説明したり、大声で命令を下したり、意見を述べたりしている間は、誰も一言も言葉をさしはさむことなどできなかった。

メゾンを始めたときから、シャネルはコレクションの全責任を負っていた。彼女の作品全部が必ずしもオリジナルではなかったとしても、服はすべてシャネルの納得のもとに作られたという威光を放っていた。あちこちから型やアイディアを少しずついただきながら、シャネルはそれらを自分流に解釈し、はっきりとシャネル印を刻印して再現したのである。したがって、彼女がロシアの毛皮の使い方にインスピレーションを得たときも、ごく当たり前のようにシャネル流のアレンジを行なうことになる。もともと寒さが大嫌いだったシャネルは、以前から毛皮の縁飾りをあしらった服を作ってはいた。が、今や彼女は、豹や猿やきつねのほかに、黒貂や白貂やミンクといったシベリア産の毛皮をずらりとそろえ、それらを裏地に使ったり、贅沢な縁飾りにしたり、時にはそんな毛皮ルックと刺繍を組み合わせたりした。毛皮と刺繍という鮮烈な組合せは、著名なコラムニストで写真家だったマイヤー男爵の心

左：セムの描く「シャネルNº5」。
この香水は世界中で
ベストセラーを記録した。

下：ディミートリー大公の
ロシア的世界から
インスピレーションを得て、
シャネルは
ペザント（農民風）・ドレスを作った。
ここでは真珠の数連ネックレスが
合わせられている。

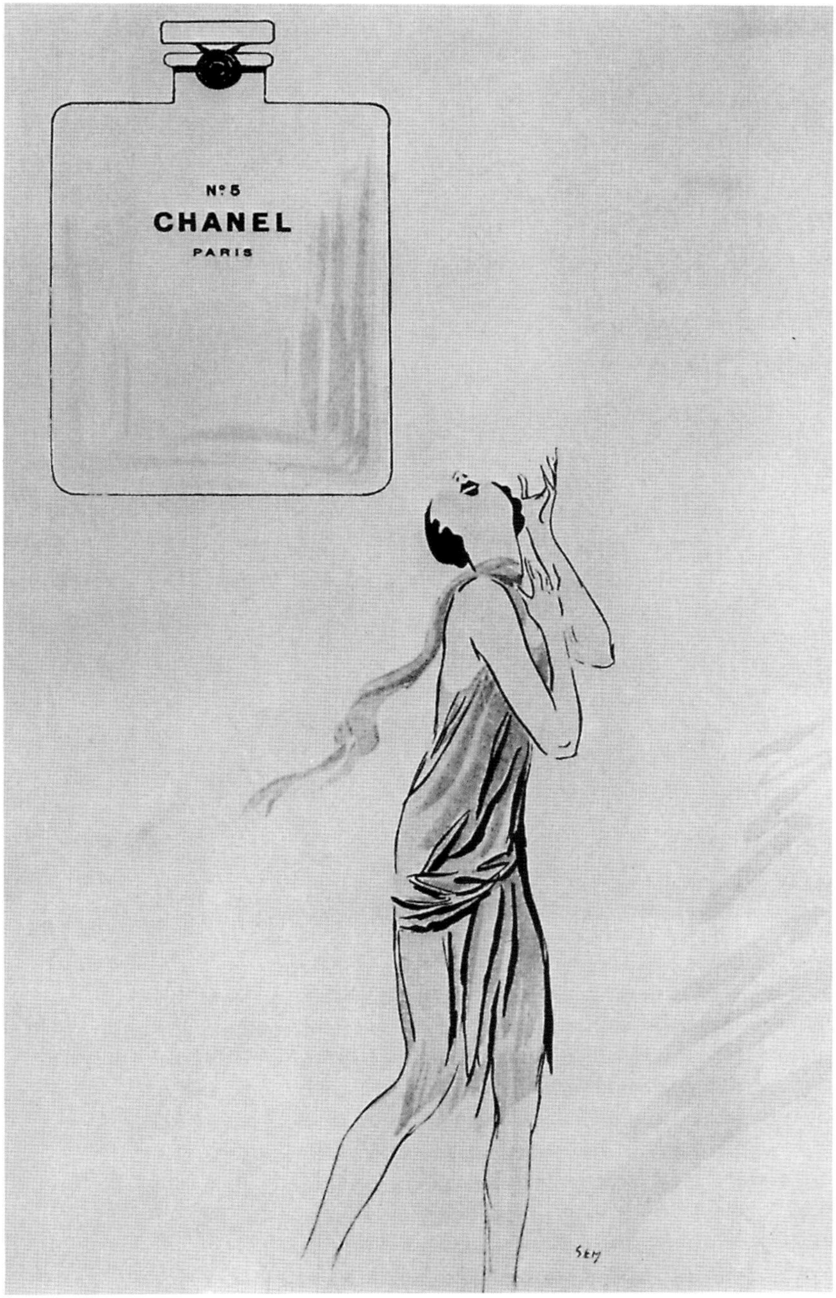

をもわしづかみにし、彼は『ヴォーグ』誌上で、刺繍とロシアの黒貂の縁飾りを施したシャネルの白いコートについて饒舌に語った。

おとぎ話のような恋に浮かれていた最初の頃、シャネルとディミートリー大公はあちらこちらのお気に入りの場所へ共に旅行した。ヴェネチアを訪れたとき、ディミートリー大公はシャネルに贈った宝石がビザンティン様式の

シャネルの刺繍には
東洋風のデザインも
含まれていた。

シャネルは
ロシアから亡命してきた貴族を雇った。
彼女らは
エキゾティックな刺繍やビーズ細工を
シャネルのドレスにあしらった。

マリア大公夫人が
作ったシェニールのニット帽を
シャネルが発表すると、
たちまち売れた。

ロシアから
インスピレーションを得て
シャネルが作ったペザント・ドレス。
上着はチュニックで、
首回りが四角く刳られ、
袖はひじ丈になっている。

シャネルの恋人ディミートリー大公は、
少女の頃に読んだ
ロマンティック小説の主人公のように、
ハンサムで立居振舞いも洗練されていた。
写真のシャネルは
ボレロとパンツを組み合わせた
イブニング・パジャマで装っている。

宝石と似ていることを指摘した。サン・マルコ大聖堂には財宝箱があり、そこには色石をはめこまれたマルタ十字のペンダントや、ビザンティン帝国の栄光を物語る豪奢なイヤリングやネックレスが収められていた。未加工の金や巨大な宝石を見ているうちにわき起こってきたさまざまなアイディアを、シャネルは胸の内にしまいこんだ。このアイディアは、後に新しい宝石のコンセプトとして活用されることになる。

そんな風に、さまざまな形でシャネルの成功に貢献してきたディミートリー大公であったが、なかでも最大の貢献は、空中を漂うエーテルに関わるものだった。1920年に、ディミートリー大公はロシアの人脈を通じて、シャネ

ディミートリー大公から贈られた
豪華な真珠。
後にシャネルは
この真珠にインスピレーションを得て
イミテーション・アクセサリーを
作ることになる。

ルに薬剤師エルネスト・ボーを紹介する。ニコライ２世の調香師として働いていた男である。革新的な香水を作ってちょうだい、とシャネルに頼まれたボーは、南仏グラースにある調合室にこもり、次々と試作品を作る。何種類かの試みのあとついに、彼はシャネルを喜ばせる作品を作りだす。80種類以上の花の香りに高価なジャスミンを加え、さらにそれまで未使用だった合成香料を使って自然の香りが強く出るようにした。その結果、フレッシュで生き生きした香りが長もちする製品ができ上がった。これほど長く香りが持続する香水は、ほかにはなかった。若々しいのに神秘的なこの香水は、ありとあらゆる女性の心をとらえた。

とはいえ、シャネルは香りのよさだけでは香水という商品を成功させるには不十分であることも知っていた。マーケティング能力にも優れていたシャネルは、香水瓶をモダンな形に作り上げるように指示した。従来の香水瓶に多かった装飾の多いフラコンではなく、シャネルはボーイフレンドたちのグルーミング用品の瓶からヒントを得て、ユニセックス風スタイルの瓶を取り入れた。ごつくて四角い瓶と堅い長方形のふたは、中身のデリケートな香水と鮮やかな対照をなした。また、他のデザイナーがつけるような昔ながらの甘ったるい名前の代わりに、シャネルは真に現代的な風を感じるような名前を与えた。「シャネルNo5」と呼んだのである。春のコレクションでこの新作の香水を発表する日を５日にしたことによって、５という数字は自分のラッキー・ナンバーだという直感を強めていたためである(実際、「シャネルNo5」の成功によって５という数字は彼女のラッキー・ナンバーになったのだが)。あるいは、調香師による５番めの試作品だったからそう呼ばれたのだろうか。いずれにせよ、ミステリアスな名前の起源は、いっそう香水の威信を高めることになった。とりわけ重要なことは、かつてどんなデザイナーもやったことがないことをやってのけたことである。すなわち、製品に自分の名前をつけた、ということだ。

カンボン通りのフィッティング・ルームとサロンにはこの新しい香りがふりまかれた。シャネルはこの香水を社交界で力をもつ友人たちに贈ったのだが、これは市場開拓作戦として大成功だった。この香水をつけた女性たちはリッチな階層だけが所属できるクラブのメンバーであった。この仲間に加わ

クリスタルやジェットが
縫いつけられた
ウォーターフォール・ガウン
(滝のように流れるイブニング・ドレス)。
シャネルが雇った
ロシアの亡命貴族が
作った代表的な作品。

りたいと切に願う大勢の女性たちのおかげで、「シャネルNº5」はたちまちステイタス・シンボルとなり、高価な新しい香水の需要を掘り起こすことができたのである。「シャネルNº5」は彼女に生涯困らないだけの経済力をもたらすことになった。だが、社交界の女性たちが争ってこの香水を手に入れようとしているとき、シャネルは新しいアイディアを追いかけていたのである。

Poetic Imagery
詩的なイメージ

1922年には「ギャルソンヌ」という言葉が流行語になった。その年の最もスキャンダラスなベストセラー小説に登場するヒロインである。作者はヴィクトル・マルグリット。ヒロインは、ショートヘアで胸はぺたんこという男の子のような女で、角張ったシルエットの服を好み、独立心が強く、傲慢すれすれの印象を与える。この「バチェラー・ガール」（独身を楽しむ女の子）は家族が選んだ夫の候補者と結婚することを拒否し、自活の道を選ぶ。自立の手段としてインテリア・デコレーターという職業を選び、順調なキャリアを築く。しかし、自由を追い求める彼女は、経済力は男に頼るべしという慣習に挑戦するだけでは飽き足らない。ヘアスタイルをボブにし、弓形の眉を描き、口紅を塗り、マニキュアを塗る。アヘンを試み、コカインをやり、女性との恋愛もやってみる。レズビアンも壁に行き当たってようやく、彼女は一人の男に落ち着くことにする。こんなヒロインの猛々しい精神、男の子のような外観、そして反抗的な態度は、世の中に論争を巻き起こした。モデルはシャネルであるかのように見えた。

すでに有名人になっていたシャネルは、ポール・モランの『ルイとイレーヌ』という小説でもモデルにされていた。ボーイ・カペルとシャネルの恋愛を題材にして書かれた本で、このなかではヒロインは賢く、成功したビジネスウーマンとして描かれていた。だからモデルにされることは別にかまわなかった。しかし、『ギャルソンヌ』の作者が、ヒロインのことを「男のように考え、行動する」と書いたとき、シャネルは怒りを覚えたはずだ。というのも、友人のコクトーが「シャネルは男性的な精神の持ち主だ」と言ったと人づてに知らされたとき、彼女は猛烈な怒りを表現しているのである。挑むがごとく、シャネルは頭にリボンを巻き、それを蝶結びにした。彼女ほど「男性的」という形容詞からほど遠い女はいないのである。それどころか、これほど夢見る乙女のようにフェミニンで、恋のうわさが絶えない女はいない。シャネルのリアクションはとっさに出たものだったが、蝶結びのヘアバンドは彼女のスタイルの一部となった。シャネルは、自分はいかなる男性とも同

シャネルは、
ポケットのついたシャツドレスの上から
手編みのカーディガンをはおるという
スタイルを発表している。

格であると信じてはいたが、男性と女性を混同するようなことは間違ってもしなかった。男女の同格は重要であったが、女らしさの要素は必須だった。

ともあれ、『ギャルソンヌ』の大人気はシャネルの成功をひときわ鮮明なものにした。シャネルのモダン・ルックは自立心の証となった。丈が短く、スリムなシルエットのシフトドレスに力を入れたクチュール・コレクションはよく売れたし、革新的な香水もたちまちヒットした。そんな自分の業績を讃えるかのように、シャネルは彫刻家のジャック・リプシッツに自分をかたどったブロンズの頭像を作らせた。数ヶ月後には、顧客の一人でもあったマリー・ローランサンに肖像画を描かせている（この絵は現在ルーヴル美術館に飾られている）。青いロールス・ロイスを運転し、カントリーサイドにも家を所有するまでになったシャネルは、オテル・リッツのスイートルームという仮住まいを出て、フォーブル・サントノレの荘厳な18世紀風アパルトマンの１、２階へと引っ越した。

作家のモーリス・サックスという友人の助力を得て、本棚には立派な革装丁の本がずらりと並んだ。美術品を購入するときには、ミシアとホセ=マリアのセール夫妻が助言者となり、住まいのインテリアには威厳が備わった。白とベージュとほろ苦いブラウンという色彩を配列することによって、豪華で居心地のよいムードを作り上げた。この客間を訪れたコクトーが、後に「宮殿」と描写したほどである。彫刻をあしらい、金メッキを施した家具の上には、白い花が生けられた花瓶があちこちに置かれている。ルイ14世様式のどっしりとした椅子は白いベルベット張りで、その椅子の後ろには黒い漆でつやつやと光るコロマンデルの屏風が並び、その数は21。インテリアの贅沢さに全くひけをとらないのが、外の贅沢な庭である。テラスを越え石段を下りると噴水があり、老齢の立派な樹木がずらりと立ちならぶ。その並木に沿って歩いていくと、後方のガブリエル通りに至る。

左ページ：ブラウスやドレスがコートの裏地とおそろい、というのはシャネルに特徴的なデザイン。

上左：共布のタイがついたカーディガン・ジャケットは、シャネルのお気に入り。

上右：シャネルはデザイナーとして仕事を始めたばかりの頃から、ニット・カーディガンとジャカード・スカートの組合せを好んでいた。

シャネルの恋人
ピエール・ルヴェルディは
ピカソの親友だった。
ルヴェルディの発する声は
重々しく、
書く詩は荘厳で
どこか陰鬱であったが、
シャネルは
その暗い部分を理解した。

アパルトマンをこれほど美しくしたのは、友人たちを招き入れるためでもあった。「孤独は女をだめにする」とシャネルは語っている。前衛芸術家のパトロンとして、彼女は画家や作家や音楽家を招いたので、ほぼ毎晩のように、ここはクリエイティブな人々の才気あふれる会話でにぎわった。そんな会話が、表層的なことにしか関心をもたない恋人ディミートリー大公の波長と全くずれていたことは想像に難くない。シャネルは大公とのロマンスを、友好的に(ほとんどいつもそうなのだが)終わりにした。間隙をおかずに恋人の地位についたのは、詩人のピエール・ルヴェルディである。ピカソの親友だった。このエネルギッシュな画家を恋人にはできなかったけれど、少なくとも、浅黒くたくましいその親友の情熱は共有できたわけである。

シャネルは
ピカソに魅力を感じたが、
ふられてしまう。
しかし、彼の親友となることで
気持ちを落ち着かせた。

ルヴェルディは農家の生れにふさわしく頑丈な体格で、たばこを口から離したことはなかった。まじめで声も低く、不機嫌な作家であった。名声とは縁遠かったけれど、同時代の作家たちからは一目置かれていた。ルヴェルディの書く詩は絶望に彩られていた。孤立を描く文章は、シャネルが心ひそかに抱いている怖れを映し出していたし、敵意に満ちた世界にあって人はなんともろいものかという感覚はシャネルの心に響いた。巨万の富を得て自立し、成功を手に入れたことにはなっていたが、シャネルはルヴェルディの苦悶をたちまちおのれの苦悶と感じるほど不安を抱えていたのである。ルヴェルディの外見には楽しそうなところなどほとんどなかったが、確かにシャネルもまた、見た目は暗かった。相通じるところは多かったのである。しかし二人

シャネルは
友人でもあり顧客でもあった
マリー・ローランサンに
自分の肖像画を依頼する。
しかし、でき上がった作品には不服で、
支払いを拒否した。

の恋愛には、ルヴェルディの詩のように、怒りと復讐が激しく渦巻いていた。

この二人はレストランやパーティに一緒に出かけることはめったになかったが、エティエンヌ・ド・ボーモン伯爵の家には時折出かけ、芸術家仲間とともに時を過ごした。芸術的な感性を理解するこの貴族のもとには前衛派が集まっており、ボーモン伯爵は彼らの才能を生かすような独創的な舞台を上演していた。あるときにはマリー・ローランサンが美術と衣装を担当した、個性的なキュビズムのバレエ。またあるときにはジャン・ユゴーとジャン・コクトーによる「ロミオとジュリエット」のホモセクシュアル版。これはスキャンダルを巻き起こした。

そのコクトーがソフォクレスの芝居「アンティゴネ」の現代版を書こうと決めたとき、衣装をやらないかとシャネルに声をかけた。なぜ、シャネルに？　「現代で最もすばらしいクチュリエだからさ」とはコクトーの答え。個人と国家の葛藤を描くこの古典劇は、1922年12月に開幕する。セットと仮面はピカソの作品だったが、称賛を浴びたのはシャネルだった。シャネルがデザインした革サンダルとずしりとしたウールの服(淡い色のトーガと分厚いジャカード織りの外套)は、本物の古代の服に現代の息吹を吹き込んだようなすばらしさ、と批評家に絶賛された。

「アンティゴネ」の成功によって、舞台人からのラブコールが増える。バレエ・リュスのための舞踏オペラ「ル・トラン・ブルー」の上演準備をしていたディアギレフは、コクトーに脚本を、ダリウス・ミヨーに音楽を、そしてシャネルに衣装を、それぞれ依頼した。タイトルのル・トラン・ブルー(青列車)とは、壁には鏡板、窓にはラリックのガラスのスクリーンが飾られた豪華な列車のことで、裕福なパリジャンがリヴィエラまで移動するときに使っていた。舞台は、戦後のスポーツ好きな富裕階級のバカンスを描くミュージカル・パントマイムであった。それまでリヴィエラは冬の保養地ということになっていたが、この舞台の人気のおかげで、夏にも旅行者が押しかけるようになった。シャネルが急遽、カンヌにブティックを開店したほどである。しかし、舞台のための衣装デザインは、シャネルの仕事からごく自然に生まれた副産物なのであった。

「ル・トラン・ブルー」のために
シャネルが作ったコスチューム。
バカンスに繰り出す有閑階級をめぐる
ミュージカル・パントマイムである。
コスチュームはシャネル自身が
南フランスのバカンスで着ていた
スポーツウエアにヒントを得たもの。

アンリ・ローランが海辺をイメージした背景幕を、ピカソがカーテンを描いたこの舞台において、シャネルが作ったコスチュームは、すでに自分が着ていたような服か、コレクションで発表ずみの服だった。お気に入りの素材ジャージーを使って、彼女はボート遊びの装備、サンバイザーとヘッドバンドをそろえたテニス用ドレス、ニッカー・ボッカーと横縞セーター、それにセーターと同柄のハイソックスというゴルフ用アンサンブルなどを作った。スイムウエアとしては、男性用、女性用ともに縞柄のチュニックと太ももまでの長さの短パンツというツー・ピースをデザインした。主演女優には、頭にフィットするゴムのスイムキャップを作った。舞台上の「社交界の名士」たちが派手に着こなしてみせる衣装やスイムキャップ、そして日に焼けた肌は、海辺に向かう人すべてにとってのお手本となった。とはいえ、舞台衣装

の中で最も強い印象を残したのは、陶器にロウを塗って作った模造真珠のイヤリングだった。このアクセサリーの成功のおかげで、シャネルは後にイミテーション・ジュエリーのデザインを本格的に手がけることになる。

　重要なことは、シャネルを駆り立てていたのは常に実用主義だったということだ。舞台衣装のアイディアをあたためているときも、彼女はリアル・クローズ(実用的な服)も作っていたのであって、舞台衣装だけで頭が一杯だったわけではない。まず機能があって、そこから形が生まれてくるのである。シャネルが何を作ろうと、インスピレーションの源はファンタジーではなく、実生活にあった。

「ル・トラン・ブルー」の衣装の成功で、シャネルの評判はますます高まる。1923年には、彼女がデイタイム・ルックとしてデザインしたセーターとひざ下丈のプリーツ・スカートが、ビーズをあしらったシフトドレスとともに、大きな話題になる。『ヴォーグ』誌の「趣味の裁定者」ことマイヤー男爵は、シャネルをこう呼んだ。「天性のエレガンスを備え、完璧なテイストをもつ、洗練された女性」。無駄のないほっそりしたドレスと、短いプリーツ・スカートに長いスリムなチュニックのアンサンブル(昼用はジャージー、夜用はクレープ素材)は、高い売上げを記録した。しかし、これに安住せず、翌年には、ボタンをとめないスカートの下に裾を短く切ったパンツ、という大胆な組合せの服を発表する。時代を先駆けしたファッションだった。さらに数ヶ月後、シャネルは自分自身が着るためにスポーツウエアにヒントを得た服を作る。これは、その後の20世紀の女性の生活を大きく変えることになる。

ジャン・コクトーは
恋人のレイモン・ラディゲの死後、
鬱病に陥り、
アヘン中毒になる。
シャネルは
コクトーを療養させるべく
病院に入院させた。

Grand Lovers and Great Jewels

高貴な恋人と宝石

1923年のクリスマス休暇、モンテ・カルロでことは始まった。モナコ公国にあり、裕福なヨーロッパ人の冬の隠れ場所として人気のあったこの場所は、クリスマスらしい華やかさに包まれていた。港には豪華なヨットが点在し、木々にはクリスマス用のライトが明滅している。イブニング・ドレスで入念に着飾った名士たちが、カフェ・ド・パリでアペリティフを飲んだり、オテル・ド・パリで食事をとったり、カジノの個室でさりげなく他の客に視線を走らせながらギャンブルにいそしんだりしていた。

シャネルにとって、このリゾートは社交界の人々の動向を観察する（これは仕事の重要な要素だ）チャンスを提供してくれたばかりでなく、パリでの陰鬱な日々からの休息をもたらしてくれた。友人のコクトーは、年下の恋人レイモン・ラディゲが腸チフスにかかって20歳の若さで亡くなったあと鬱に沈み込んでいた。この悲劇のあとコクトーは寝込みがちで、アヘンにおぼれ始めていた。生涯苦しむことになるアヘン中毒への第一歩だった。狭いアパルトマンに住むコクトーを訪ねた友人たちは、部屋という部屋が取り散らかり、ベッドまわりにアヘンの臭気がたちこめている悲惨な状態を目にした。ラディゲの死ですっかり無気力になってしまったコクトーに代わって、シャネルがラディゲの葬儀を手配することにした。教会を白い花で満たし、棺は赤いばらで覆った。その後、コクトーの破滅的な振舞いにうんざりしたシャネルは、彼をサナトリウムに入院させる。何度か一時的に退院してきたが、そのたびにシャネルは彼の療養費を払った。

そんなパリでの重苦しい日々から逃れてきたシャネルは今、ヴェラ・ベイツと短い休暇を過ごしていたわけである。ヴェラは魅力的なイギリス女性で、シャネルの服の販売にも一役買ってくれており、古くからの友人の中にはウィンストン・チャーチルやリンダ＆コール・ポーター夫妻、サマセット・モームもいる、という社交家だった。ひときわ目立って素敵なこの二人の女性は、オテル・ド・パリで食事をしていたが、そこにヴェラの友人の一人、快活でチャーミングな男性、ヒュー・リチャード・アーサー・グロヴナーが加

わる。祖父の勝ち馬にちなむベンドールというニックネームがあったが、公的にはウェストミンスター公爵と呼ばれていた。知人はベンドール、もっと親しい仲間はベニーと彼を呼んでいた。がっしりとした体格とハンサムな顔、赤みがかったブロンドの髪に情熱的なブルーの瞳をもった渋めの美男で、全身からエレガンスを発散していた。想像を絶する富豪で、奢侈好みのプレイボーイとして名高く、ゴシップ欄にも「2度めの妻と離婚の危機」と書きたてられていた。それほどの男に、シャネルは好奇心をくすぐられずにはいられなかった。

しかし、翌日、ヴェラ・ベイツから「ウェストミンスター公爵に頼まれたのよ。ヨットでのディナーにあなたを招待したいから連れてこいって」と告げられたとき、シャネルは招待を断わった。公爵は、人を引きつける男であると同時に、猪であれ女であれ、獲物を追いかける喜びを愛するハンターとしても名をとどろかせていたのだ。シャネルも馬に乗って狩猟に出かけるのは好きだったけれど、獲物になるのはごめんだった。そもそも、そんな招待が馴れ馴れしすぎるようにも思えた。

英国一のリッチマン、
ウェストミンスター公爵は、
相手を自分の思い通りに従わせることに
慣れきっていた。
しかし、シャネルは
彼のために自立の道を捨てることだけは、
固く拒んだ。

左ページ:1924年、
チェスターで競馬が行なわれた肌寒い日、
シャネルは
ウェストミンスター公爵の
ポロ・コートを拝借し、
ベルトを締めて着た。

だが、当時まだつきあっていたディミートリー大公がその日、彼女のもとへやってきて事情が変わった。ディミートリー大公はウェストミンスター公爵と会うということに関心を示し、寄港中の有名なヨットを見るや、シャネルにぜひとも行くようにと勧めた。ディミートリー大公も一緒ということで、シャネルはしぶしぶ承諾した。3人、すなわちシャネルとディミートリー大公、そしてヴェラ・ベイツはフライング・クラウド号へと出かけた。当時としては世界最大級(全長200フィート)だったこのヨットは、黒いつややかな4本マストの帆船で、40人の乗組員が働いていた。公爵は3人を優雅に船内ツアーに案内した。入り口からしてすばらしかった。古いマナー・ハウスの門のように、重い木材でできたドアがあり、ギリシア風の円柱が立ち、頭上には彫刻した貝殻の装飾が施されていた。雅やかな階段を下りていくと、エレガントな船室に着く。鏡板張りの大広間と贅を尽くしたサロン空間は、アン女王様式の家具とイタリアン・シルクのファブリックで飾られていた。豪華なベッドルームには、カーテンが飾られた天蓋つきのベッドが置いてあった。さながら海上に建てられた壮麗なカントリー・ハウスというところであった。

その夜、階下で4人が食事をとっている間、シャネルのために特別に雇われた楽隊がセレナーデを演奏した。食後、遊び好きの公爵はゲストを陸に導

ウェストミンスター公爵の公邸、
イートン・ホールでは、
シャネルは
彼のパートナーとして客をもてなした。
イートン・ホールは広大で、
敷地すべてを見て回るのに、
車で15分を要した。

き、ナイトクラブで一晩中踊り明かそうと誘った。彼はフランス人デザイナーを口説くべくあらゆる努力をした。女性を口説くのはこれまでの彼にとってはたやすい仕事だった。なんといっても無邪気な熱心さと、生まれもった魅力と、無尽蔵の財産をもった男である。ただ望みさえすれば、欲望は満たされた。イギリス一の富豪である公爵は、どこへ行こうと、何をしようと、別格扱いだった。鉄道も船も車も、公爵のためならば出発時刻を遅らせた。ロンドンの駅では、公爵のために赤いカーペットが敷かれた。海峡を渡る汽船では、公爵のために特別の通路が設置された。忠実な使用人たちは公爵が用事を言い渡すとただちに奔走するし、社交界のご婦人方は公爵の言うがままになった。拒絶される経験なぞしたことのないお坊ちゃま公爵は、シャネルにも自分に対して100パーセントの関心を注いでもらうことを望んだ。シャネルのほうはといえば、いつものように睫毛を羽ばたかせ、唇で真珠のネックレスをもてあそび、顔をかしげて公爵に近づけてみせるなどの戯れの恋の仕草はしてみせた。わたしと一緒に過ごそう、と公爵はシャネルを誘ったが、しかし、シャネルは彼の望みに背を向けた。仕事が忙しいので、と無関心すら装った。

公爵はシャネルを手に入れるためならどんなことでも、という決意で執拗に彼女を追い求めた。熱しやすいスポーツマンであった公爵は、それゆえに気まぐれで落着きのない男でもあった。公爵は「さあ、これから出かけるぞ」と言って、突然友人たちを別の場所へ移動させたりするのだ。それは飽きっぽいともいえる性質だったので、自分をいつも楽しませてくれる女性を求めていたのである。その点、シャネルこそ理想の女性だった。会話はウィットに富み、セクシーで、自信にあふれ、常に自分への関心を引きつけておく賢さを備えていた。とはいえ、仕事に多くの時間とエネルギーを注ぎ込んで40歳になっていたシャネルは、あまりにも巨大なビジネス帝国を築き上げていたために、一人の男に自分の自由を捧げるわけにはいかなかった。とりわけ、ビジネスを路頭に迷わせるにちがいないような男には。

女たちは公爵を追い回し、彼を罠にはめることすら辞さないものだが、シャネルはその逆の方向へと逃げた。女たちは所有し所有されることを望んだものだが、シャネルは独立することにこだわった。頑固で、過剰なほどの自信をもつそんなシャネルは、公爵の目にますます魅力的に映ることになった。3ヶ月もの間、公爵は熱狂的にシャネルに求愛したが、彼女はといえば、無視するふりを続けていた。パリに腰を据えて、春のコレクションのためのデザインをしたり、コクトーやピカソやマリー・ローランサンらもスタッフとして加わる、ボーモン伯爵製作のダンス上演のためのコスチュームを作ったりして忙しく過ごしていた。

ウェストミンスター公爵はますます逆上した。ただシャネルに愛の手

肌寒いイギリスの
カントリー・ハウスで着られていた
フェアアイル・セーターから
ヒントを得て、
シャネルは
女性用の粋なカーディンガンを作った。

ウェストミンスター公爵の
フランスの領地ミミザンで、
シャネルは
ウィンストン・チャーチルや
その息子ランドルフと一緒に、
猪狩りを楽しんだ。
(1928年頃)

紙を届けるためだけに、私設郵便システムを作り上げた。最初の特使がパリのシャネルにメッセージを届ける。第二の特使が彼女の返事をイングランドへ届ける。第三の特使が彼の返事をパリに届ける……という具合。公爵はまた、屋敷の温室で育った蘭やくちなしを、両手に抱えきれないほどの花束にしてフランスのシャネルに届けさせたり、簡単には手に入らない贅沢な食べ物をふんだんに贈ったりした。真冬というのにいちごや桃やネクタリン、新鮮なスコッティッシュ・サーモンが届けられた。とれたての野菜がどっさり入ったカゴも届けられた。シャネルの家の使用人がカゴの中に手を入れると、そこから巨大なエメラルドの原石が出てきた。それほど強く求愛されたにもかかわらず、誇り高いシャネルは、公爵のあまたの愛人の一人と見られることを嫌って、彼を拒み続けたのである。

しびれをきらした公爵はついに1924年３月、大きな花束を手にフォーブル・サントノレのシャネルの家までやってきた。なんと友人のプリンス・オブ・ウェールズと一緒に。二人の独身男はシャネルのアパルトマンでくつろいだわけであるが、その間、シャネルは未来の英国王を「デヴィッド」と呼び(プリンス・オブ・ウェールズがそう呼ぶようにシャネルに命じたのだが)、いつもの媚びの仕草で軽い恋愛ごっこを楽しんでいた。とはいえ、最終的に熱い情熱でシャネルを説き伏せたのは、ウェストミンスター公爵のほうであった。

公爵に勝利を与えたあとの振舞い方を、シャネルは心得ていた。公爵を崇めるように、敬うように、いとおしげに見つめた。公爵の誤りを正すことは決してしなかったし、公爵より目立つようなまねは決してしなかった。公爵のジョークには笑い、言葉はウィットに富むと感心し、行動はすばらしいと讃えた。

その時から、二人は常に行動をともにした。オペラでも、競馬場でも、「ル・トラン・ブルー」のリハーサルでも一緒だった。ちなみに「ル・トラン・ブルー」でシャネルがデザインした主演俳優のためのゴルフウエアは、プリンス・オブ・ウェールズのスタイルにヒントを得たものだった。1924年の秋、シャネルはウェストミンスター公爵とともにイングランドへ渡る。毎年恒例の「チェスター・カップ」を祝うパーティに参加するためだった。このカップルがニュースにならないはずがなかった。シャネルが公爵とともに現われると、カメラマンは写真を撮りまくった。シャネルは公爵のポロ・コートを奪って身にまとい、存分に宣伝活動をさせてもらうことになった。

フライング・クラウド号ほど贅沢な船に乗船したことがなかったように、イートン・ホールほど壮大な邸宅を訪問したこともなかった。イートン・ホールとは公爵の公邸である。シェイクスピアが生まれた土地に建てられたゴシック調の宮殿であり、その広大な敷地をすべて見て回るためには車で15分間かかる。周りを囲むのはイタリア風のテラスで、観賞用の湖があり並木が広がる。屋敷から一望できるのは馬のためのトレーニング・コース、モデル農園、花畑、そして公爵の好きなつつじの茂み……。

屋敷の中も圧巻だった。何エーカーという壁面にかけられた絵ときたら、ルーベンスにラファエロ、レンブラントにハルス、ヴェラスケスにゴヤである。玄関ホールには鎧に身を包んだ騎士の像が静かに立ち並び、そろいの制服を着た召使いたちが仕事に奔走する。お屋敷の仕事は24時間体制だった。

シャネルは
馬を愛する男に魅力を感じたようだ。
写真はポロ姿のウェストミンスター公爵。
勝ち馬にちなんだ
ベンドールというニックネームを
与えられていた。

ウェストミンスター公爵から
シャネルに贈られた
数多くの優美なネックレスの一つがこれ。
彼は
シャネルが驚くような「おもちゃ」を
プレゼントするのが好きだった。

公爵の親戚にあたる英国のロイヤル・ファミリーの誰がいつ来ても対応できるようになっているのだ。しかも、ウェストミンスター公爵が世界のどこにいようとも、イートン・ホールでは召使いが主人の到着に備えて待機しているのである。執事、従僕、給仕係に客室係、コックとその助手、造園師に庭師は、常時準備万端である。いつ訪れても、暖炉には赤々と火がともり、客間のベッドはすぐ使えるように準備されており、ディナーの準備も整っていた。車庫にある17台のロールス・ロイス(第一次世界大戦の時には英国陸軍に貸し出された)は、いつも完璧な状態に保たれ、ガソリンも満タン、エンジンも温めてあり、すぐに出発できるようになっていた。

54のベッドルームがあるイートン・ホールは、競馬関係の行事があるときなどには何十人もの客を宿泊させることができた。昼間、客たちは運転手つきのリムジンで会場まで送迎される。夜になると、シャンペン、キャビア、エスカルゴ、千鳥などの珍味で饗されたあと、男性はブランデーと葉巻を楽しみ、女性は化粧直しをする。そして全員がボールルームに集まり、プロの芸人のパフォーマンスを楽しんだり、オーケストラの演奏に合わせてダンスをしたりするのである。こんなイートン・ホールを訪れることは、シャネルには苦痛どころか大きな楽しみだった。まもなく彼女は単なる一人の特別客ではおさまらなくなる。ウェストミンスター公爵のパートナー、巨大なお屋敷の女主人として扱われることになるのである。

ロンドンにあっては、公爵はバークレー・スクエアを少し外れたボードン・ハウスに住んでいた。彼の所有地はメイフェアとベルグラヴィアの大部分を占めており、財産のなかにはグロヴナー・ハウス、コンノート・ホテル、メイフェア・ハウス、クラリッジ・ホテル、ヴィクトリア・コーチ・ステーション、パーク・レーン、そしてオックスフォード・ストリートが含まれていた。二人で旅行するたび、シャネルはさらに公爵の持ち家を発見することになる。アイルランドでも、ダルマチアでもカルパティア山脈でも、ノルウェイでも……。スコットランドではレイグにあるスタック・ロッジが彼の財産だった。そこでは召使いが常時待機しているばかりでなく、雷鳥もいつでも狩猟できるように用意され、サーモンもいつでも捕獲できるように飼われていた。フランスでは、ノルマンディ地方のルーアン近くに城を所有するほか、ミミザンと呼ばれる狩猟用ロッジを持っていた。このロッジはボルドーとビアリッツの中間にある松林深くにぽつんと立っているので、そこにたどり着くには特別仕様の車を必要とした。

つまり、公爵の富は全く並外れたスケールだったのである。「誰も二度と経験できないような贅沢を知ってしまったわ」とシャネルは友人に語っている。何もかもが、公爵の意のままだった。シャネルはちょっとした頭痛をこぼすことすらできなかった。そんな言葉を口に出そうものなら、世界中のどこにいようと、一流医師の集まるロンドンのハーレー・ストリートから最も優秀な医師団を枕元まで呼び寄せるに決まっていたから。

公爵のパートナーたる女主人として、シャネルは実に多くの客をもてなした。キュナード家、マルボロ家、ロンズデール家の人々もその中に含まれる。彼女は頑固に英語を話そうとはしなかった(ひそかに英語を学んではいたのだ

が）にもかかわらず、高位の貴族や富裕なブルジョワ階級の人々に、同じ階級の仲間として受け入れられた。ウィンストン・チャーチルもシャネルに好意をもった一人である。チャーチルはボーア戦争以来、公爵の親友で、週末になるとしばしばミミザンに狩猟を楽しみに来ていたが、あるとき妻にあててこんな手紙を書き送っている。「あの有名なココが現われて、わたしは彼女を非常に気に入った。きわめて有能で、愛想のよい女性だ。ベニーがこれまでつきあってきた女性の中では際立って個性の強い女性だと思う。きのう一日中、精力的に狩猟をしたかと思うと、ディナーのあとパリまで車を飛ばし、今日は果てしないマネキンの行列が着るドレスを修正する仕事に集中してるんだからね」

公爵は、シャネルに贈り物をすることをとても楽しみ、ネックレスやイヤリング、ブレスレットに指輪……と贈って彼女を驚かせては喜んだ。その結果、シャネルの腕も首も耳も宝石だらけになったばかりか、アパルトマンも高価な贈り物でいっぱいになった。公爵家の家紋が彫られた、裏が金張りになっているエナメル・ボックスは、今日なお、カンボン通りのシャネルの私室の漆塗りのテーブルの上に置かれている。

フライング・クラウド号に乗って地中海を航海しているときも、カティー・サーク号（かつては乗員180名の駆逐艦だった）に乗って荒海を渡っているときも、あるいは公爵の家で女主人としての務めを果たしているときも、シャネルは公爵と対等の人間として振る舞った。冬には、公爵の領地で週に３回、きつねや猪狩りに加わった。天気がいいときには、テニスやゴルフを一緒に楽しんだ。サーモンをフライ・フィッシング（毛ばりを使った釣り）で釣ることも覚えた。最初はおそるおそる始めたものの、すぐにやみつきになり、一日10時間も川で釣り糸を投げて過ごすまでになった。２ヶ月間で50匹のサーモンを釣り上げたこともある。「何であれ中途半端で終わらせたことなどないわ」と彼女は語っている。シャネルは成功に対して並外れた闘志をかきたてられる性質で、しかも彼女の基準における成功とは、最高レベルの成功なのであった。高級娼婦として、パートナーとして、スポーツウーマンとして、企業家として、彼女が目指したものは常にトップであり、自分に満足のいかないようなレベルに甘んじることなどできなかったのである。

シャネルはほかの女性たちにとってのお手本でもあった。二人のアメリカの作家がパリについての本を出版したとき、この著者たちは、未婚の読者はカンボン通りへ急げ、と助言した。「女性が夫をつかまえたい、と思うなら、男の好みを知り尽くしているシャネルの店に行きなさい。シャネルの服には〝イット〟（性的な魅力）がある。シャネル本人がそれをたっぷりと備えているからである」。1924年の８月、ウェストミンスター公爵夫人が夫に対して離婚訴訟を起こした、と新聞で報じられたのだが、その時にシャネルと公爵が一

クラシックなジャージー・スーツを
着たシャネル。
カーディガン・ジャケット、
低い位置でベルトを締めたセーター、
プリーツ・スカートの組合せ。
靴はツートーン・カラー。
シャネル独特のスタイルとして、
数連の真珠のネックレスと、
おしゃれなブローチをとめた、
縁つきの釣り鐘形の帽子（クロシュ）を
合わせている。

左：ビーズのフリンジがついた
イブニング・ドレスは、
シャネルの
ジャズ・エイジ・ファッションの代表作。

右：シャネルの
フラッパー・ガール・ルック。
刺繍入りの白いコートと
白いクレープ・ドレス。
スカート部分は
ひざ丈のプリーツ・スカートになっている。
頭にはソフトなクロシュを
かぶっている。

緒に写っている写真も何枚か掲載された。女性たちは、「世界中で最も夫にしたい男」と一緒にいるデザイナーの姿に目を見開いた。そして、同じフレームの中におさまる自分の姿を想像しようとしたのである。シャネルのような装いをしたら、シャネルのような人生を生きられるかもしれない……と。

シャネルは公爵にあふれるほどの関心を注いでいたにもかかわらず、決してビジネスをおろそかにはしなかった。あるシーズンに、コレクションに向けたデザインをするためにシャネルが彼と別れてパリへ戻らなければならなくなると、公爵は不機嫌になってその邪魔をしたことがある。その結果、二人は公爵の領地にシャネルの仕事場を作ってしまった。

1925年頃、シャネルの香水は（企業家ピエール・ヴェルタイマーがそのビジネスを行なっていた）は、世界中で売れており、カンボン通りではシャネルの服がものすごいペースで売れていた。コピーまで需要があった。なんとシャネルは、自分の服の廉価版が出回っているのを見て、非常に喜んだ。模倣されればされるほど、成功を実感できたのである。シャネルは、一見シンプルに見えるけれど実はそうではない自分のスタイルに自信をもっていた。偽造しやすそうに見えても、カットや細部や縫い目の見えない仕上りは、誰にも真似できるはずがないとわかっていた。顧客も、安い類似品が出回ろうとも、本物のシャネルの着心地のよさや威信のオーラは決して真似できるはずがないと信頼をよせていたのである。

シャネルの有名なイングリッシュ・ツイードは、ウェストミンスター公爵の工場で作られた生地だった。このウールのコートには毛皮の裏地をつけ、贅沢感を与えている。

公爵の世界が彼女の世界に浸透するにつれて、コレクションは二人の愛の世界を反映しはじめた。たとえば公爵の着ていた英国のポロ・コート。チェスターで競馬があった肌寒い日にシャネルがこれを借り、ベルトを締めて着たあのコートだが、これが世界中の女性にとってのシックなファッションとなった。イギリス人のツイードに対する偏愛は、確かに、「レドファン」が作る堅い服を見てもよくわかったが、シャネルはこのスコットランド産の生地をソフトにし、シャネル・スタイルに変えた。ウェストミンスター公爵が所有する繊維工場で、シャネルは自分好みのウール地を作り、それを使ってスーツやコートを作ったばかりでなく、スノッブな魅力を与えるために、裏地に毛皮を使った。また、多くのスコットランド人が着ているフェアアイル・セーターに目をつけ、それを自分用のカーディガンに変えたりプルオーバーにしたりした。神聖不可侵なものなど何もなかった。

ウェストミンスター公爵の着ていたブレザーやカフ・リンクスをつけたシャツも、シャネルのコレクションに登場した。執事のピンストライプのベス

シャネルが
ヴェネチアにパンツをはいて現われると、
パンツが流行しはじめた。
写真はリドで、
ミシア・セール(中央)と一緒に。

右ページ:シャネル(左)は
親友のミシア・セール(中央)と一緒に
ヴェネチアを訪れるのが好きだった。
写真はリドの海岸。

トや部屋係のメイドの制服も。船の乗組員のピーコートも、紋章入りの真鍮のボタンつきで、ランウエイを気取って歩くことになった。そして公爵のヨット用の帽子。これは乗船したゲストに贈られる帽子なのだが、これを小さくしてスマートなベレー帽に変え、宝石つきの大きなピンを目立つように飾った。水兵の服も、ストライプ・セーターに変身させた。そのセーターの上に細身の上着とプリーツ・スカートのスーツを合わせた。ジャージー製のこのスーツは「シャネル・スーツ」の初期バージョンの一つとなった。

出かける先々で、シャネルは仕事場にもちこむアイディアをつかみとった。彼女には鋭い翻案の才覚があった。何が自分に似合うかを知っていたので、何が他の女性に似合うかも見当がついた。男性のスタイルは着心地のよさ以上のものを与えてくれることも知った。すなわち、パワーの感覚であった。また、男の服を着た女は、男性的なオーラに包まれた壊れやすい人形のように女らしさを強く自覚するか、あるいはエロティックな両性具有的な感覚につつまれるかのどちらかである、ということもわかった。したがって、シャネルがウェストミンスター公爵の船の乗組員のズボンからアイディアを拝借

したとき、それは体を締めつけるドレスから女性を解放するという以上の意味をもっていた。女性たちのリビドーを解放し、女性としてのセクシュアリティを楽しめるようにしたのである。

快適に船の乗り降りをするにはこの服しかないの、と言って、シャネルは自分用にフレア・パンツをデザインした。乗組員がはいていた足首までの丈の、ベルボトムのズボンと似たものだった。徐々に、シャネルは「女性のトラウザーズ」の存在を認めさせていった。ビーチには白いシルク・パンツと黒のジャージー・トップと長いパールネックレスを合わせて現われ、夜にはシルク・パジャマ・ルックで着飾って出かけた。モリヌーやランヴァンも似たようなパンツ・ルックをコレクションで発表してはいたけれど、さほど影響力はなかった。世の中がパンツ・ルックに熱狂したのは、シャネルがパンツをはいてファッション誌のグラビアを飾ってからである。シャネルは自分の服の最高のモデルであり、最高の宣伝ウーマンだったのである。シャネルほど品格をもってパンツを着こなせる女性など、どこにもいなかった。彼女のおかげで女性のトラウザーズの流行が始まり、続く20世紀の女性の生き方が変わり、女性は装いの方法を再考することになったのである。

シャネルはメンズウエアの魅力を理解するとともに、女性が女性であることを楽しめるような服が求められていることも認めていた。パンツをはき始めたのとほぼ同時に、彼女は繊細な黒いレースで作った華奢なイブニング・ドレスも作る。ロングドレスには、金糸銀糸で刺繍を施したものもあった。女性の媚態を強調しながらも、退屈しきった世慣れた女を繊細な純情娘へと変えてしまうかのようなドレスだった。

1926年、アメリカの『ヴォーグ』は
シャネルのリトル・ブラック・ドレスを
「フォード」と呼んだ。
圧倒的な人気で
大衆に普及するだろうと
予想したのである。

右ページ：ジャカード織りの
ニット・ジャージー・スーツ。
くつろげるポケットがついたカーディガンと
プリーツ・スカート、
ストライプ柄のジャージー・ブラウス、
白い襟とカフス、という組合せは
シャネルの代表的なスタイル。
常に実用主義だったシャネルは、
ほころびを防ぐために
布地で縁の処理をしている。

しかし、シャネルの才能を最もよく表わす服といえば、なんといっても「リトル・ブラック・ドレス」であろう。1920年代は両大戦間にあって豊かさにあふれた時代である。ジャズ・エイジの舞台を支配していたのは、派手な色彩、にぎやかなプリント柄、金銀の装飾使い、フリンジ、羽根、ビーズ、どっしりとした刺繍といった過剰さであったが、リトル・ブラック・ドレスはこうしたやりすぎすべてに対し、ぴしっと黒い鞭の一打ちを与えたのである。過剰さに対する無関心を体現するようなドレスであった。昼用にはウールやシェニールで作った長袖の黒いシュミーズドレス、夜用にはサテンやクレープやベルベットで作ったドレス。どちらもファッション界を揺るがした。アメリカの『ヴォーグ』誌はすぐにこのドレスの革命性を感じ取り、シンプルな黒いドレスをファッションにおける(車の)「フォード」と呼んだ。顧客もたちまち飛びついた。余分なものを一切そぎとったドレスは、どこへ着てい

こうと女性をエレガントな気持ちにさせたのである。さらに、シャネルは、最初はこれを時代に逆らう質素の表現として作ってはいたのだけれど、まもなくこれを宝石を引き立てるためのドレスに変えた。リトル・ブラック・ドレスはシックの象徴になり、その後ほぼ75年間も古びていない。ドレスは単純だが、これをデザインするのは勇敢な女性であった。また奇妙なことに、これを認め、受け入れたのはアメリカ人であった。シャネル自身は頭の先からつま先までフランス的な女性なのだが、彼女の作る服は明らかにアメリカ人受けするものであった。最小限をよしとするシャネルのミニマリスト的スタイルは、フランスの顧客が好むような技巧を凝らしたスタイルとは全く対照的なものであったが、作家アニタ・ルースや『ハーパーズ・バザー』誌のカーメル・スノウといったアメリカ女性のシンプルな服の趣味にぴたりと合致していたのである。

デザインの世界におけるシャネルの地位は、1925年に開催された現代装飾工芸展において確たるものとなった。あらゆる表面的な装飾をはぎとった、細身の両性具有的なファッションは、同時代の女性像そのものとされた。アール・デコとして有名になったこの展覧会に参加することで、シャネルは自分の作品をモダニティの精華として誇れるようになった。同じ年、ディアギレフはキュビズムの画家ジョルジュ・ブラックと組むバレエ「ゼフィルとフロール」の衣装デザイナーとしてシャネルに白羽の矢を立てたし、ジョージ・バーナード・ショウは彼女を偉大な科学者マリー・キュリーと同じレベルまで引き上げて讃え、「ファッション界における驚異」とまで呼んだ。

しかし、シャネルはモダンであろうと望んではいたけれど、男性に対しては伝統的なやり方で接するのが最上と信じていた。ビジネスにおける独立と成功を、ほとんど無味乾燥なレベルにまで高めてしまったシャネルは、プライベートな生活においてはしっかりと支えてくれる男性を常に必要としていた。その点、ウェストミンスター公爵は彼女が切に求めていた心強さと安らぎを与えてくれた。シャネルは彼を、安心して身をあずけられる木にたとえ、「寄りかかれる肩」と呼んだ。ボーイ・カペルと比肩できる唯一の男性であった。シャネルは友人にこのように語っている。もし公爵と出会っていなかったら、感情に押しつぶされ、興奮にのまれてしまって、頭が変になってしまっていただろう、と。

二人の関係にもただ一つ弱点があったようだ。ウェストミンスター公爵が男子の後継者を是が非でも欲しがっていたことである。自分の血統を継ぎ、財産を相続してくれる息子を得られなかったならば、莫大な富はすべていとこに譲渡されることになってしまう。シャネルは病院に通ったり特別なエクササイズに励んだりと努めたけれど、なかなか妊娠しなかった。公爵が望んだ受胎にシャネルが失敗するたび、緊張が高まっていった。とはいえ二人は

ウェストミンスター公爵の船、
フライング・クラウド号の
乗組員の服装からヒントを得て、
シャネルは
水兵風のストライプ・シャツと
カジュアル・パンツを作った。

別れることはなく、1928年にシャネルがリヴィエラのロックブリュヌに家を建てたときは、公爵専用のスイートルームを設けたほどだった。

しかし、ウェストミンスター公爵は結局、当初聞いていた評判通りの男だった。予想されたことではあるが、彼の目はあちらこちらを移ろい、軽い浮気を重ねるようになり、これがシャネルを非常にうろたえさせた。シャネルがいるというのに、公爵はヨットに若い美女を伴って現われたりする。シャネルが屈辱を感じれば感じるほど、二人の関係は弱いものになっていく。そんな行ないを償うべく、ウェストミンスター公爵はシャネルに高価な贈り物をして驚かせるが、いくら装身具を積まれようと裏切りの代償としては不足に決まっていた。ある美女がフライング・クラウド号に乗船してきたとき、二人はその客をめぐって口論し、公爵はびっくりするような宝石をシャネルに贈ることでその埋合せをしようとした。だが仕返しをしたかったシャネルは、高価なエメラルドを海の中へほうり投げてしまった。

この衝突は、二人の激しい気性にますます火をたきつけた。公爵はシャネルが跡継ぎを生めないことで落胆していたが、シャネルもそんな自分自身に絶望していた。自分には男性を誘惑する才能があるかもしれないが、女性としての役割を完全にこなすことができないのだ……。結婚しなければならないという公爵の立場は、どうしても自由でいたいというシャネルの強い望みと相いれなかった。公爵は短気でむら気だったが、シャネルは規則正しく仕事ができる時間と空間を必要とした。さらに、シャネルのほうでは公爵の友達と仲よくやっていくことができたけれども、公爵はシャネルの友人たちにつきあうのは耐えられなかった。アーティストや作家なんて、公爵を居心地悪くさせるばかりで、第一、彼らの謎めいたおしゃべりは、煙に巻かれるというより退屈だった。シャネルがコクトーの家を訪ねたり、ディアギレフとその仲間たちと食事をしたりするときには、ウェストミンスター公爵はめったに同席しなかった。親友のミシア・セールにいたっては、公爵には理解不能だった。ミシアの毒舌、スポーツに対する無関心、ウェストミンスター公爵のスコットランドの釣り場で漏らした退屈そうな不平不満などは、ミシアと公爵の絆を強める働きをするはずもなかった。それでも、ミシアはシャネルが恩義を感じる唯一の女友達であったので、夫のホセ=マリアが若い女と出かけてミシアがのけ者にされたときに、公爵はフライング・クラウド号での旅にミシアを招くことをしぶしぶ承諾した。

1929年8月、この3人はアドリア海を航行していた。ところが緊急の電報が入り、船はヴェネチアで急遽停泊することになった。この魔法のような都市は、これまでのシャネルにとってはいつもインスピレーションの源だった。ミシアとともに訪れては美術館を訪ね、サン・マルコ大聖堂の豊かさを研究したりした。ステンド・グラスの窓やモザイク、十字架、エナメル、金線細工の逸品などを……。また、1929年のリドのビーチでパジャマ・ルックのシャネルがファッション・ニュースになったのも、ヴェネチアであったし、熱い砂が裸足を焦がしそうなのでコルク板を2本のひもで結んでサンダルにしてみるという、やがて世界中でのヒットにつながるアイディアを思いついたのも、この土地であった。

しかし、今回のヴェネチアでの停泊はもっと厳粛な調子を帯びていた。糖尿病を長く患っていた友人のディアギレフが、リドのホテルで寝たきりの状態になっているというのだ。ミシアとシャネルが訪れたとき、いつも芝居がかっているディアギレフはディナー・ジャケットを着ており、傍らには恋人のセルジュ・リファールと秘書のボリス・コクノが付き添っていた。ほんの数ヶ月前、バレエ・シーズンの終りに、シャネルはパーティでディアギレフと言葉を交わしたばかりだった。ガーデン・パーティを主催したのはシャネルで、フォーブル・サントノレの庭にジャズバンドを呼び、キャビアをふんだんに供して、ディアギレフを祝ったのだった。ガーデン・パーティの前夜のことも、ホテルの一室にいた者はみな覚えていた。ディアギレフの最後のバレエ「放蕩息子」がパリでスタンディング・オベーションで讃えられるという成功をおさめた夜のことである。公演後、カプチーヌ・レストランで打上げをした際、ミシアとシャネルはリファールの両側に座っていた。目に涙をためたディアギレフは、彼の演出を讃えると、「もうぼくが君に教えられることは何もない」と言ったのだった。生徒であり恋人であるリファールに。

シャネルは
帽子作りから出発し、
コレクションのすべてを通じて
帽子をデザインし続けた。
1929年のストロー・クロシュ
（釣り鐘形麦わら帽）は
ジャカードの装いに
ぐんと活気を与えた。

ディアギレフが重い病でベッドに横たわる今となっては、その言葉も予言のように聞こえる。ディアギレフの状態を見たミシアは、その場に残ることにした。しかし、シャネルは再びウェストミンスター公爵と航海に出た。二日後、胸騒ぎがして、シャネルは公爵に船をヴェネチアに戻してもらえないかと頼んだ。ヴェネチアに到着すると、ディアギレフは亡くなっていた。葬儀を行なわなければならなかったが、このロシアの浪費家は一銭も遺していなかった。そこで、裕福というわけではなかったミシアが、ダイヤモンドの

シャネルは
帽子からスーツに至るまで
あらゆるものにジャージーを使った。
写真のシャネルは、
ジャージーのベレー帽に
大きなブローチをとめ、
白の襟のついた
ジャージーの上着を着ている。

ネックレスを売って葬儀代に充てると言いだした。シャネルはそれを押しとどめて、寛大にも葬儀費用を支払った。ギリシャ正教会での葬儀のあと、白い喪服に身を包んだ二人の女は、黒いゴンドラに乗って、ディアギレフに最後の別れを告げて彼をサン・ミケーレ島に埋葬した。

すべてを終えて、シャネルはウェストミンスター公爵のヨットに戻った。しかし、その後の船旅には悪意が満ちあふれていた。二人はたえず口論し、怒りをラ・ポーザまでひきずっていった。南フランスのラ・ポーザにはシャネルの新しい夏の別荘があった。別荘に滞在した友人たちは、彼らの口論を聞かずに過ごすことはできなかった。二人のプライベートな棟からも口論が聞こえてきた。二人はなんとか仲を修復しようとは試みたものの、恋愛関係は明らかに終わっていた。シャネルは短期間の間、ピエール・ルヴェルディの腕の中に帰る。そしてクリスマス・シーズンに入る頃、ウェストミンスター公爵はローリア・ポーソンビーと出会う。歳は彼の半分というこの女性との婚約を、彼は発表した。育ちのよい王室儀礼局長の娘と結婚する前、公爵は彼女をパリに連れてきてシャネルに引きあわせた。スマートなブルーのスーツと白いブラウスに身を包み、耳にも首にも手首にも宝石をつけたファッション・デザイナーは、若いライバルに低い椅子をすすめ、自分はといえばソファでくつろいで、彼女の全身を見渡した。会話はぎこちないものだった。なんといってもローリアときたら「シャネルが作ったネックレスを公爵からの贈り物としていただけないかしら」なんて提案をするのである。シャネルは即刻却下して、なんとかこの娘を怖じ気づかせてあきらめさせようとするのが精いっぱいだった。しかし、未来の花嫁は一歩もひかず、ウェストミンスター公爵夫人となってからはシャネルの顧客になる。その後も公爵は、シャネルの友人かつ支援者であり続け、シャネルが香水ビジネスを始めるときには、ロンドンでの家をシャネルに貸すのである。ウェディング・ベルはシャネルの頭上に鳴り響くことはなかったが、旋風のようなキャリアは、依然絶好調であった。

Costume Dazzle
コスチュームの眩惑

ウェストミンスター公爵との6年間にわたる交際は、シャネルに数多くの宝石を遺した。公爵の愛情の証のなかには、ダイヤモンドとエメラルドで作られたビブ(胸飾り)、そのビブとセットになるルビーとエメラルドとサファイアのブレスレット、光り輝くソリテール(宝石を一つだけはめた指輪)の数々、さらにダイヤモンドとエメラルドのネックレスに真珠の首飾りなどがあった。シャネルが格別に気に入っていたのは真珠で、ビーチ・パジャマにも乗馬用上着にも重ねづけするほどだったのだが、とはいえ、公爵からの贈り物の多くは富のにおいをぷんぷんとまき散らしていて、とても身につけられるものではなかった。「たまたまお金持ちだからといって、首の回りに何百万ドルもぶらさげて歩き回るのは、ものすごく品の悪いことだわ」とシャネルは言っている。そういうわけで、贈られた宝石はほとんど、ディミートリー大公からの贈り物と一緒に、金庫室に保管しておいた。保管しなかったものは、はめこまれた宝石をとりはずしてリフォームした。

光り輝く宝箱はシャネルに魔法のように新しいアイディアを与えた。イブニングに着用される富の誇示としての宝石ではなく、模造宝石を作ろうと思いたった。しかも、昼間、本物の宝石と一緒に身につけられるような模造宝石を。富豪らしい振舞いには全く無頓着だったシャネルは、意味をもつのはステイタスよりもむしろスタイルだと感じていた。宝石そのものが、それを身につける人に威信を与えるわけではない。宝石は意識的に誇らしく身につけられたときにはじめて、大きな力を発揮するのだ、と。

シャネルはボーモン伯爵の力を借りることにした。かつてシャネルを社交界から締め出したこともある貴族だったが、シャネルは彼を訪ね、本物の宝石と模造宝石のコレクションのためのデザインに手を貸してもらえないだろうかと頼んだのである。ボーモン伯爵は優美なスタイルと趣味の持ち主としてつとに知られていたが、とりわけ豪華な18世紀風の邸宅、きらびやかな舞踏会、そして彼自身が作って友人に贈っているデザイン小物が彼の名を轟かせていた。雇われ仕事など生まれて初めてのことだったが、シャネルに説得

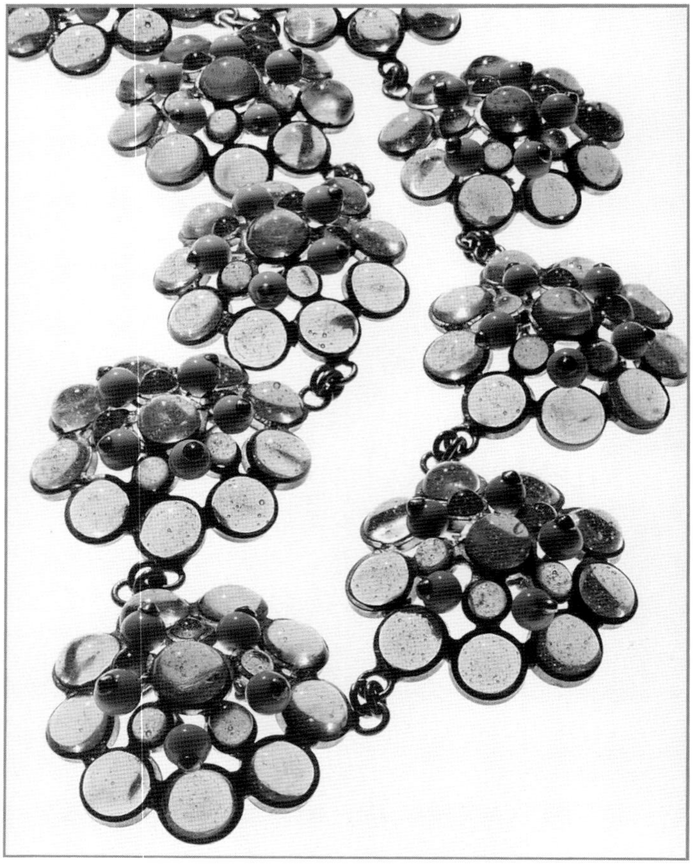

左：恋人たちから贈られた
すばらしい宝石の数々から
インスピレーションを得て、
シャネルは昼間につけられる
コスチューム・ジュエリー
（模造宝飾品）を作った。
このエレガントなネックレスは、
粒のそろった二連の真珠と
二連の丸いラインストーン、
そして段階的に粒が大きくなる
真珠の一連を組み合わせたもの。

右：金のネックレスの上に
サファイア・ブルーのガラスとトルコ石が
房のようにちりばめられたアクセサリーは、
グリポワが
シャネルのために作り上げたもの。

され、ボーモン伯爵はアトリエを開いた。過去や現在の恋人たちからシャネルに贈られた宝石は、二人が作る多くの作品にインスピレーションを与えた。ディミートリー大公から贈られた高貴な宝石にはビザンティン・スタイル、カボション・ストーン（切り子面ではなく頭部を丸く磨いた宝石）、マルタ十字などのデザインがあったが、彼らはそこからアイディアを得て、ガラスの石をはめこんだ金の長いネックレスや、カラフルな八つ矢十字などを作りだした。数連の高価な真珠のネックレスからアイディアを得て、安価な模造真珠のロングネックレスを作りだした。本物は模造品と一緒に使った。美しいカットの輝くダイヤモンドは、色ガラスと組み合わせた。半貴石を真珠と組み合わせた。また、へそ曲りなシャネルらしく、模造真珠で作ったイヤリングも、黒または白の単色のセットではなく、片耳に黒、もう片耳に白でワンセット、という組合せで提案した。

シャネル・スタイルといえば、それまではジャージーのドレスと無駄のないデザインを意味したが、コスチューム・ジュエリー（模造宝飾品）の成功で新たな展開を見せることになった。楽しげでかつ自信に満ちたシャネルのやり方は、女性の宝石に対するつきあい方を変えた。伝統など全く無視して、シャネルは取り澄ました宝石の世界を、模造品のファンタジー・ワールドに変えた。従来のファッションの価値が、おとぎの国のような服と高価な宝石で決められていたとするならば、シャネルは模造宝石を身につけることを気高い振舞いへと引き上げ、貧しく見えることをシックという価値に変えた。そんなシャネルの逆スノビズムの魅力は、彼女の模造宝石が本物よりも高い名声を得る、という現象まで引き起こした。シャネルのコスチューム・ジュエリーは、何よりも優先して身につけられるべき装身具となった。株価が上昇する早さと同じくらい早く、金持ちは彼女の模造宝石をじゃらじゃらと重ねづけしていった。宴の輝きは、模造宝石の光と手を携えていった。

1929年の秋、株式市場が暴落した。アメリカの女性たちのほとんどはもう、パリに服を買いに群がってやってくることはできなくなった。衣服業者もシャネルの服のコピーを縫うことで商売をすることはできなくなった。クチュリエたちもかつてのように多忙ではなくなった。ところが、シャネルの店だけは変わらず繁盛していたのである。インド、アジア、南アメリカ、中東からの顧客がショウルームを訪れ、服を買っていったのだ。シャネルのクラシックなスタイル、たとえば四つのポケットがついたカジュアルなVネックの上着とへりの処理をしたAラインのスカートから成る、裏なし紺のジャージ

左：ガラスのカラー・ストーンが
はめこまれた
白または黒のエナメル・カフは、
シャネルを代表するアクセサリーとなった。
マルタ十字のデザインが多かったが、
写真のカフは花のモチーフ。

右：ウェストミンスター公爵が
シャネルに贈った、
珍しいルビーと
エメラルドのビブ（胸当て）状の
ネックレスにヒントを得て
シャネルが作ったビブ。
はちの巣形の赤い石、緑のガラス玉、
緑の葉形の飾り、
そして真珠で構成されている。

左：ディミートリー大公から受けた
帝政ロシアの影響は、
こんなコスチューム・ジュエリーに
現われている。
数連の真珠のネックレスを
ひときわ引き立てているのは、
ラインストーンでできた星形のメダル。

右：シャネルは
卑金属にセットした
ラインストーンを使って、
ハートを射ぬくような
弓矢のアクセサリーを作った。
コスチューム・ジュエリーを
シックなものにしたのは、
彼女である。

ー・スーツなどは、エレガントでありながら気取りがないので、値段がわかるのは着る人のみであった。そんなところがまた受けていた。

しかし、かつて富を誇っていたアメリカ人が財産を失って苦しんでいる一方で、パリでは依然リッチな社交人士がパーティの熱狂にうつつを抜かしていた。「1930年の6月の社交シーズンは、近年にない豪華な仮装舞踏会シーズンとして記憶されるであろう」と『ニューヨーカー』誌のジャネット・フラナーは書いている。ロスチャイルド家、ギネス家、ローマ・カトリックの子弟、派手好きな貴族たちが、互いに競って気まぐれなテーマや派手なセットでの舞踏会を開催したのである。伝統的なフォーマルな舞踏会もあれば、ルイ15世時代の羊飼いというテーマの舞踏会(きつねまで用意してあるという完璧さ)もあり、さらには銀のソワレというテーマの舞踏会まであった。これは庭中が、木の枝一つ一つに至るまで、銀箔でくるんであるという会場で行なわれたものである。舞踏会は決してないがしろにはできないイベントであったので(芸術的才能と高貴な地位が結びついたはじめての人物、ボーモン伯爵の創意のおかげである)、装飾はピカソやクリスチャン・ベラールといったア

ーティストが担当し、振付けはセルジュ・リファールやボリス・コクノ、ニジンスキーらが担当し、コスチュームも一流のクチュリエが担当した。お気楽な舞踏会が、重要な劇場的イベントになっていたのである。

シャネルもゲストとして数々のパーティに参加しただけではなかった。社交界の大物何人かから、舞踏会用のドレスの注文を受けた。この仕事は、カンボン通りの五つのビルで働く2400人の従業員に十分な仕事を与えてくれた。お針子たちはひたすら縫い続けたが、フィッティングに関しては、通常の仕事よりもややこしいことがあった。たとえば、最も注目を浴びた舞踏会の一つにエルザ・マクスウェルとデイジー・フェローズが主催する舞踏会があったが、そこで招待客に求められたドレス・コードは、誰もが知っている有名人に変装すること、であった。その上、異性に扮すること、というおまけの制約つきである。「シャネルの店は、有名な女性に扮するために若い男性が着るロングドレスを作るというふってわいた仕事のために、大忙しだった」とフラナーは書いている。

シャネル自身が催した饗宴も、完璧なすばらしさ、という評判を勝ちえてい

左：花を半分にしたイヤリングを、
シャネルは愛用した。
中央の真珠の周囲を、
ラインストーンと
金めっきの葉がとり囲む。

右：おちゃめなフラミンゴのブローチは、
ラインストーンと金でできており、
目には赤いガラス玉がはめこまれている。
CHANELの文字が刻印されている。

ハリウッド訪問のあと、
シャネルはカラフルな
「ヴェルデュラ」ブローチを作った。
やしの木の上に座った男が
手を振っている。

右ページ：シャネルが
身につけているジュエリーから、
さまざまな影響が見てとれる。
目もくらみそうなネックレスは、
帝政ロシアの名誉のメダルの面影を残す。
ブレスレットは、
カラー・ストーンが埋め込まれた
エナメルと金のコンビネーションだが、
ここにはビザンティン文化の影響がある。

る。翌年にシャネルが主催した夜会は、パリで話題になったばかりか『ニューヨーク・タイムズ』でもニュースとして報じられた。「マドモワゼル・シャネルのパーティは、目を見張るような装飾と贅沢にちりばめられたアーティスティックな才能で知られている」とこの新聞は記録している。競馬は今も好きだったので、ロンシャンでのグランプリのあとオートゥイユで行なわれるクロスカントリーの競馬に注目が集まる夏のシーズンに、シャネルはフォーブル・サントノレの庭で競馬を祝うパーティを開催した。金の薄い織物で作られたテントは隠しライトで照らされ、その中ではスタイリッシュなアンバサダー・ナイトクラブから雇ったオーケストラやミュージシャンが音楽を演奏して客をもてなした。客の中にはグロリア・スワンソン、メンドル夫人、ポール・モラン、レジナルド・フェローズ、ディミートリー大公とアメリカ人の妻、ロスチャイルド男爵夫妻もいた。彼らは明け方近くまで踊り、選び抜かれた食べ物を楽しみ、テントの端にずらりと植えられた白いあじさいやライラックや百合の花々を愛でて過ごした。もちろん、シャネルの白いドレスも、この舞台をより素敵に見せるために特別にデザインされたものだった。

舞踏会用コスチュームにはもうすっかり飽き飽きした。そんな折、モナコで、ディミートリー大公はシャネルをサミュエル・ゴールドウィンに引きあわせる。ゴールドウィンはアメリカの映画製作者であり、シャネルに映画用コスチュームを作るチャンスを与えてくれることになった。彼にとって、シャネルとはエレガンスの具現であり、シャネルの服とはすべての女性の映画ファンが夢見るロマンスを約束してくれる服だった。ゴールドウィンはこう言う。もし、一年に２度、ハリウッドに来てスターのドレスを作り、スタジオで映画用のコスチュームをデザインしてくれるなら、100万ドルお支払いいたしましょう、と。あなたはアメリカ人好みのフランス人デザイナーだから、と。彼の言う通りだった。

今や世界中でベストセラーを続けている香水と服のおかげで、シャネルの写真はしょっちゅう新聞や雑誌に掲載されていたので、その名と顔はよく知られており、名声は確たるものになっていた。アメリカのマスコミは早い時

期からシャネルを称賛していた。ドーヴィルとビアリッツに最初のブティックを開いたときから、リトル・ブラック・<フォード>の発表に至るまで、『ヴォーグ』と『ハーパーズ・バザー』は常にシャネルのリラックスしたシンプルな服を特集記事として紹介してきた。読者もシャネルの気負わない無

サミュエル・ゴールドウィンは
コスチューム・デザインの報酬として
シャネルに100万ドル提供した。
シャネルが
コスチュームを担当した映画の一つが、
「仰言ひましたわネ」。
主演はアイナ・クレア(左)。
この女優はシャネルの常連の顧客だった。

頓着なテイストを理解し、彼女のへそ曲りなスピリットに共感を示してきた。彼女の自信は読者の自信にもなった。彼女の自由は読者を解放した。ヨーロッパ人は他のフランスのクチュリエが作る技巧的なファッションを好んでいたかもしれないが、アメリカの女性はシャネルの新鮮な若々しいスタイルを称賛していた。ゴールドウィンにおだてあげられ、また富に対する飽くなき欲望に突き動かされ、シャネルは抵抗できるはずもなかった。しかし、今回ばかりは、彼女の実用主義的なやり方が、夢の工場ハリウッドの空気の前に頓挫することになる。

1931年、ミシア・セールとモデル部隊とお針子と助手を引き連れて、シャネルは蒸気船「ヨーロッパ」号に乗り、ニューヨークへ渡る。そこでは記者の群れがシャネルをインタビューすべく待ちかまえていた。10日後、マスコミも加わった一行は、ゴールドウィンが特別に用意した白塗りの急行列車に乗って、ロサンゼルスに向かった。シャネルの到着は各新聞の記事になった。

しかし、ゴシップ記者が予測するところによれば、映画界におけるシャネルの未来は、吉凶半々というところだった。ファッションの大家を連れてくることに成功したゴールドウィンの手腕を讃える者が大半ではあったが、エゴとエゴとの衝突からトラブルが起きるのではと予測する者もいたのである。グレタ・ガルボがシャネルを出迎えたとき、ある新聞はこの出来事にこんな見出しをつけた。「女王と女王の会見」。ハリウッドの輝けるスターたちが、パリのプリマ・ドンナごときが自分たちよりも脚光を浴びるのにはがまんできないだろう、と予測する記者も何人かいた。彼らの書く通りであった。多くの有名女性たちは、かなりの警戒心をもってシャネルを迎えたのである。

ハリウッドの女性をとりまくけばけばしさのようなものは、シャネルにはかけらもなかった。かりにも彼女は無邪気なルックと控えめなスタイルで知られたデザイナーである。シャネルの服の魅力を作っていたのは、若々しい浮かれ女という感覚であって、これ見よがしのセクシーさではない。その感覚は映画界とは相いれないものだった。とはいえ、スタジオのボスの支配力は絶対で、ゴールドウィンが「今宵ひととき」で主演するグロリア・スワンソンにシャネルのところへフィッティングに行けと命ずれば、彼女ほどの大スターでもその命に従うしかなかった。

映画のなかでスワンソンは、白いカフスと襟のついたブラウスの上に、手首の部分に折返しのある細身のジャージー・スーツを着ている。この装いは、シャネルが日頃好んでいた装いほとんどそのままである。このデザイナーは、自分自身のワードローブと酷似したワードローブを映画スターのために用意していたわけである。しかし、日常生活でエレガントに見える服が、スクリーンのなかでもそう見えるとは限らない。映画もコスチュームも共に失敗したことが明らかになると、ハリウッドでのシャネルの評判はがた落ちになる。

舞台でシャネルの衣装を着たことのある女優アイナ・クレアは、映画「仰言ひましたわネ」に出演を依頼され、シャネルがそのコスチュームを担当することになった。映画じたいは好評だったが、ファッションについてはほぼ黙殺された。シャネルの服は女優のイメージを高める役には立たない、という風評が広がるとともに、反シャネルの空気が強まってきた。クレジットに名を残した数本のマイナーな映画の業績と100万ドルの銀行口座を得て、シャネルはハリウッドでのキャリアを終えた。さりげないエレガンスを身上としたシャネルのスタイルは、わかりやすい夢物語を作る工場には不向きだったのである。しかし、広報の巧みな手腕のおかげで、ゴールドウィンにはやや不満であったが、シャネルにはほとんどダメージが及ばなかったのである。彼女は抜け目のないビジネスウーマンであり、その名はすでに大衆の前に後光を放っていた。シャネルの服は、ニューヨークだけで、B・アルトマン、ヘンリ・ベンデル、バーグドルフ・グッドマン、ブルーミングデールズ、ロード&テイラー、ハッティ・カーネギー、フランセス・クライン、フランク

『今宵ひととき』のなかで、
グロリア・スワンソンは
白い襟とカフスをのぞかせる
テイラード・スーツを着た。
スマートなシャネル・スタイルではあるが、
ハリウッド・スターのグラマー（魅惑）を
作るにはふさわしくなかった。

リン・サイモン、サックス・フィフス・アヴェニューといった百貨店で売られることになった。

ハリウッドを去ってまもなく、シャネルは作曲家コール・ポーターの妻、リンダ・ポーターから、シチリア人で頭のいい快楽主義者、フルコ・ディ・ヴェルデュラ公爵を紹介される。教養のあるコスモポリタンで、美術にも造詣が深かったが、ファッションには疎かった。シャネルはその公爵を雇い、布地のデザインを任せることにした。まもなく彼女は、公爵が宝石に関心をもつことを知り、自分のアイディアを形にするにあたって、彼に作らせる機会を与えることにした。

昔の小さな骨董品に並々ならぬ関心をもつシャネルと、年代物のオブジェを愛していたヴェルデュラ公爵は、一緒に美術品を鑑賞する旅に出た。ミュンヘンのシャッツカマー美術館ではルネサンス時代やビザンティン時代の財宝を眺め、ドレスデンではシャルルマーニュ・コレクションを見た。パリにはルーヴル美術館があり、ヨーロピアン・ルネサンスのコレクションや古代

シャネル自身が着ている、
白い襟と折り返したカフスがついた
ジャージー・スーツは、
グロリア・スワンソンのために
デザインしたコスチュームから
インスピレーションを得たもの。

の中東のコレクションを見ることができた。何よりも常に手近にあって眺めることができたのは、シャネル所有の貴重な宝石類であった。数々のインスピレーションを得たヴェルデュラ公爵は、仕事場に戻り、大きな色石のモザイクをはめこんだ粗削りの金のブローチや、半貴石の十字架を埋めこんだ幅広のエナメルのバングルを作った。シャネルのお気に入りマルタ十字架のモチーフは、公爵にとっても家系のつながりから、親近感があるものだったので、何度も繰り返し使われた。宝石をちりばめたカラフルな十字架が埋めこまれたエナメルのカフは、シャネル・ルックの特徴となった。

シャネルの秘蔵品からアイディアを得たヴェルデュラ公爵は、金やエナメルや色鮮やかな石を使って、花や顔や魚をモチーフにした楽しいピンも作った。斬新なアイディアは次々とわいてきた。ハリウッドからは、やしの木や猿というモチーフのヒントを得た。ロンドンからは「トラファルガー」と刻印したランプライト・ピンのヒントを得た。ロシアの刺繍からは精妙なイヤリングやネックレスのデザインのヒントを得た。シャネルの庭からは花の小

ブローチを飾った
シャネルのベレー帽は、
ウェストミンスター公爵の
ヨットの乗組員の帽子から
ヒントを得て作られた。
写真のシャネルは、
有名な数連の真珠のネックレスと
マルタ十字のカフを身につけ、
コロマンデルの屏風の前に座っている。

スイスで着た
アイス・スケート用の装備にも、
お気に入りのジャージーを使っている。

左ページ：フルコ・ディ・ヴェルデュラ公爵は
高い教養の持ち主で、
シャネルのためにジュエリーを作った。
最も有名になった作品は、
マルタ十字がはめこまれた
エナメルのカフ。

枝状装飾や花束といったモチーフのヒントを得た。ヴェルデュラ公爵の作品はシャネルの1934年のコレクションまで登場するが(この年に彼はニューヨークへ移る)、その間にも、他の才人何人かとも一緒に仕事をしている。舞台デザイナーのクリスチャン・<ベベ>・ベラールや、名高い宝石商のグリポワとも。グリポワは模造真珠を作ってくれた。またド・ゴースとも仕事をし、金の逸品を作ってもらった。シャネル自身の創意はといえば、カンボン通りのリビングルームのカウチに腰かけ、友人たちに秘蔵の宝石を見せることから生まれた。オリエンタルなムードのコーヒー・テーブルに宝石の山をじゃらじゃらと広げ、友人と談笑しながら、カラー・ストーンをパテのボールにはめこんだりはずしたり、いろんな形を作ってみたりしながら「作品」を創

り上げていたのである。遊んでいる風に見えても、感動したことを吸収したり新しいアイディアを作り上げたりして、働いていない瞬間など一瞬たりともなかったのである。

しかし、シャネルは常に何か新鮮な驚きから刺激を受けるタイプであったので、コスチューム・ジュエリーが大衆の人気を得て普及しはじめると、そろそろ変化が欲しくなった。そこに登場するのがポール・イリブである。ポール・イリブは、最初にテキスタイル・デザイナーとして雇い、後に宝石も任せることになる新しい友人なのだが、この男性の力を得て、シャネルはまたもやメディアを驚嘆させるようなことをやってのける。

1932年の秋、世界は大不況のまっただ中で景気はどん底だった。億万長者

別荘ラ・ポーザには来客用の部屋があった。
そこにはシャネルの修道院時代を
彷彿させるような重厚な彫刻を施した
田舎風の家具が配されていた。

左ページ：シャネルは、
自分がデザインした服の
最高のモデルだった。
セルジュ・リファールの肩に乗った
写真のシャネルは、
白いパンツ、黒いジャージーのセーター、
数連真珠のネックレス、花飾りがついた
ジャージーのヘアバンド、そして
有名なヴェルデュラ・カフで装っている。

シャネルは、
カーペットを敷いた螺旋階段の上に
友人たちを座らせて
ショーを眺めるのが好きだった。
鏡に映る観客の表情を見ることが
できたからである。

とうわさされていたシャネルさえ、商品の価格を下げねばならなかった。ところが、彼女はいつもながらのつむじ曲りなやり方を、この時にも貫いた。なんとこの時期に、シャネルははじめて本物の宝石のコレクションを発表するのである。世界最大のダイヤモンド会社デ・ビアスとの提携に乗りだし、シャネルはイリブのデザインするすばらしいダイヤモンド・アクセサリーの数々を発表した。リボン結び形、結び目形、リボン形といった繊細な作品、そして三日月、彗星、星、太陽光線といった宇宙のイメージを使った作品の

数々は、注目の的となった。ダイヤモンドの縁べりがついたブレスレットや、しなやかなダイヤモンドの羽根ブローチも。イリブの作るアクセサリーはとめ金を使用せずにとめることのできる巧妙なものであるばかりか、さらに嬉しい驚きがあった。分解して、別の形態に変えることもできたのである。ティアラはブレスレットに、またイヤリングとネックレスを組み合わせてブローチに、という風に。フォーブル・サントノレのシャネルのフラットに置いたマネキンに飾られるダイヤモンド・アクセサリーのショウは圧巻で、展示

南フランスにある別荘ラ・ポーザで、
シャネルは
カジュアルなもてなしをした。
ランチはビュッフェ・スタイル。
写真は客の一人、劇作家のジャン・ユゴーと。

ポール・イリブは
シャネルが結婚を考えた
数少ない恋人の一人。
二人はチームとして働き、
本物の宝石のアクセサリーの
コレクションを協力して作った。

右ページ：机に腰かけるシャネル。
白い襟とカフスのついた
お気に入りのジャージー・スーツを、
バングルとツートーン・カラーの
ベレー帽とともに装っている。

が始まって二日もしないうちに、デ・ビアスの株価が20ポイント上昇したほどであった。シャネルの名前は再びニュースに登場することになる。

シャネルとコラボレーションを始めた頃のイリブは、シャネルと同じ歳の48歳で、ハリウッドでの一仕事を終えてパリに戻ってきたばかりであった。才気煥発かつ多才なイリブは、数々の業績を残している。ポール・ポワレのファッションを描いたエロティックなイラストレーションの本でスキャンダルを起こし、有名になる。『ヴォーグ』誌のイラストレーター兼ライターをこなす。政治的な新聞を自分で刊行し、イラストレーター兼編集者となる。ファブリック、家具、敷物などのデザインをこなす。社交人士やセレブリティのためにインテリア・デザイナーとして働く。ハリウッドではセシル・B・デミル監督のもとアート・ディレクターを務める。さらに、熱心に女性を追いかけ回すことでも名高かった。

丸ぽちゃの童顔に金縁の眼鏡をかけたイリブのイメージは、性的魅力があ

るとはとても言い難いのであるが、それでも彼は、他の男がゴルフの練習を欠かさず行なうように、誘惑術をこまめに実践した。1931年にシャネルと出会ったとき、イリブは2度めの結婚をしていてカルティエのデザイナーとして働いていたのであるが、一月も経たないうちにシャネルと暮らし始め、シャネルのプロジェクトのために働いていたのである。これまで出会った男の中で「最も複雑な男」に興味をそそられたシャネルは、その男の知性や洗練された趣味にもひかれていく。ウェストミンスター公との交際では欠如していた知性の炎をイリブは燃やしてくれたのである。最良のものしか好まないというテイストを共有したし、贅沢の楽しさを知る点でも相通じるところがあった。しかし、シャネルと同様、情熱的でかつ気難しくもあったイリブは、ある瞬間には大きな愛情をもってシャネルに接したかと思うと、次の瞬間には彼女と激しく言い争ったりした。胸の奥には彼女の成功に対する嫉妬を秘めて……。

とはいえ、恋人の魅力に負けたシャネルは、新聞『目撃者』を復刊させたいというイリブの夢を、経済的に援助する。物議をかもしたこの国粋主義的な新聞(シャネルも困った)に多くの時間を費やしてはいたが、ともあれイリブはシャネルの会社で働き続けた。イリブがデザインした布地の模様のデザインは、高い評価を得たし、リボンと縁飾りを使っただまし絵的なデザインは、『ヴォーグ』にもとりあげられた。シャネルはビジネスの面でもイリブを頼り、彼女の香水の専売権を所有していたヴェルタイマー家にシャネルの代理として交渉に行ってもらったりした。シャネルとイリブは、ある時には完全な調和のなかに浴し、またある時には火山のような憤怒のなかに身をおいたりしたが、ともかくもチームとして働いたのだった。二人は熱く激しいエネルギーを生み出した。諍いにおいてすら、はっきりと識別できうるほどの熱気を生み出した。ホルストが撮った写真が何よりの証拠である。

3年の間、二人はともに過ごした。フォーブル・サントノレのアパルトマンとロックブリュヌ・キャプ・マルタンのモナコ近くの家を行ったり来たりしながら。この土地にシャネルは、夏のほとんどを過ごす別荘、ラ・ポーザを作っていた。この別荘は南フランスのほかの建物とは全く趣を異にしており、彼女の子供時代の思い出を引きずるかのような、静かな修道院のような雰囲気があった。オリーブの木立とライラックの茂みに囲まれたこの建物は、驚くほど装飾が少なく、水漆喰で塗られた白い壁に囲まれた部屋の中には、革張りのソファと彫刻を施した重厚な家具がある程度であった。シャネルにとって、心身を解放するには最適の場所だった。

この別荘には親しい友人のグループがしばしば招かれた。午後になると、たとえば飄々としてウィットに富んだジャン・コクトーとか、ひげ面で気立てのいいベベ・ベラールとか、活発なセルジュ・リファールとか、魅惑的なミシア・セールといった友人の誰か彼かが、パリから訪れ、数日あるいは数週間(ミシアの場合、数ヶ月)を過ごし、大きな涼しいベッドルームで眠り、楽しいおしゃべりでシャネルの食卓をにぎやかにした。女主人としてのシャネルのスタイルは、くつろいだものだった。自分自身は10時前に就寝し、7時前後に起き、質素な食事と最小限の飲み物で済ますという規律正しい生活を守ったが(コクトーは彼女を尼さんと呼んだ)、客は好きなだけ夜更ししてもよく、ベッドルームのドアの外には、コーヒーをたっぷり入れた魔法瓶が常備してあった。ドレス・コードはインフォーマルで、ランチの時間はたっぷりとってあり、ダイニング・テーブルの端には保温トレイにのせられたビュッフェ・スタイルの食事が供されていた。午前も午後も、客は好きなように過ごすことができた。水泳もよし、テニスもよし、あるいはテラスでくつろぐもよし、というように。うわさ話は、友人たちの性的嗜好の話題で盛り上がることが多かった。気分に応じて、男同士の愛、女同士の愛、男女間の愛、と話題は移り変わった。グループのメンバーすべてが、同性愛か異性愛の情事の真っ最中であり、うわさ話のターゲットとしてミシアとシャネルの関係も俎上にのぼったりした。

そんなこともあったがともかく、4年間はシャネルはポール・イリブと恋愛関係にあったのだ。二人は公認の仲だったので、友人たちは二人が結婚するものだと思っていた。ところが1935年の夏、イリブが白熱のテニス・ゲームをするのをシャネルが見守っていると、彼は突然コートに倒れ込んだ。近くの病院にかつぎこみ、医者が全力を尽くす間、ただじっと待つしかなかった。しかし、時すでに遅かった。数時間後、イリブは亡くなった。再びシャネルは孤独に沈むことになった。何もすることがなくなった。仕事をするほかには何も。

Dangerous Flirtations
危険な戯れ

キュビズムが第一次世界大戦の恐怖から生まれたとするならば、シュールレアリズムは第二次世界大戦を予兆していたといえる。予想もつかない組合せを作る、というシュールレアリズムの方法は、やがて台頭してくるファシストたちによる予想もつかない行為の先触れだった。ファッションにおいて、そんな不条理を表現してみせたのは、エルザ・スキャパレリだった。スキャパレリが頭角を現わすのは、イリブの死後、シャネルがパリに戻ってくる頃である。シャネルの服は相変わらずスマートなものであったが、スキャパレリの荒唐無稽なデザインが騒がれるなかでは、影をひそめてしまった。シャネルが現実主義的な才能の持ち主であるとすれば、スキャパレリは突飛な才能の持ち主だった。シャネルが控えめな表現を得意とするならば、スキャパレリは過激な表現が得意だった。シャネルは、ハンドバッグを手に持つのを面倒に思って鎖をつけて肩から下げるショルダー・バッグを作ったが、スキャパレリは電話の形をした小型バッグを作った。シャネルは帽子をシンプルにしたが、スキャパレリは帽子を靴の形にした。シャネルより年下のこのデザイナーの奇抜なアイディアは、たとえば唇の形のポケットから大胆な「ショッキング・ピンク」の色使いに至るまで、マスコミにもてはやされたが、そのすべてがシャネルをいらつかせた。二人の不仲は、当時のファッション界における最大の衝突として知れ渡った。心底不愉快な唯一のデザイナーのことを、シャネルは「服を作ってるあのイタリアのアーティスト」と呼んでいた。二人の対立の激しさを物語るエピソードがある。二人がともに出席した舞踏会で、シャネルがスキャパレリをダンスに誘い、キャンドルが燃えているシャンデリアのほうへとライバルを導き、そのドレスに火が燃え移るように仕向けた、という話である。

舞踏会の規模が大きくなり、衣装がより洗練されていくにつれて、パリはよりめまぐるしく踊り狂うように見えた。イマジネーションもますます大胆になっていった。上流社交界の名士、ジャン=ルイ・ド・フォーシニー=リュサンジュとニキ・ド・グンツバーグが主催したワルツの宴においては、テー

シャネルは
黒いレースのロングドレスという
フェミニンな装いを好んだ。
写真はオテル・リッツのスイートで
ポーズをとるシャネル。

右ページ：シャネルは
コレクションにたびたび
ボレロ・ジャケットを発表している。
写真のシャネルもボレロを着ている。
錦織りベルベットの白いシフォンの
ロングドレスの上にはおり、
彼女所有のエメラルドとルビーの
豪華なネックレスを合わせている。

生涯の多くの期間、
シャネルはオテル・リッツの
ベッドルーム・スイートをキープしていた。
カンボン通りのシャネルのサロンとは、
通りをはさんですぐという近さだった。

マが「ブローニュの森の孤島ショーンブリュンの夕べ」というささやかなものから「チュイルリー宮殿、ミュンヘンの宮殿、スコットランドの城をあまねくとり囲む夕べ」という壮大なものにまで広がった(とフォーシニー=リュサンジュは記録する)。エルザ・マクスウェルはナポレオン３世として登場し、フォーシニー=リュサンジュは皇帝フランツ・ヨゼフとして現われる。皇女エリザベート、ルドルフ大公、タータンのキルトを着た王などとして仮装して訪れるゲストたちの衣装もすばらしく、写真家のホルストが『ヴォーグ』誌から彼らの写真をスタジオ撮影してくれと依頼を受けたほどである。しかし、華麗な色彩とゴージャスなアイディアにあふれたこの舞踏会で、最も人々の印象に強く刻まれることになったのは、長袖の黒のタフタのロングドレスに黒い縁なし帽を合わせるという全身黒尽くしの装いに真っ白な花束を抱えて現われた、シャネルであった。

人々が目にするシャネルは、あちこちのパーティで楽しそうに浮かれている姿ではあるが、シャネル自身は友人と自宅でくつろいで過ごすほうがはるかに好きだった。1935年頃、シャネルの新しい関心は、若いイタリアの貴族、ルキノ・ヴィスコンティに向かっていた。彼女の他の友人たちもみなそうだったが、ヴィスコンティもミシア・セールの友人だった。ヴィスコンティはミラノの裕福な名家の生れで、26歳だった当時、芝居やオペラや映画に夢中

121 危険な戯れ

女性は夜には蝶にならねばならない、とシャネルは言った。
レースのイブニング・ドレスに
ベールと大きなリボンのヘッドドレスを
合わせて着る、というこの繊細な装いは、
彼女自身が好んだ
典型的なイブニング・スタイルでもある。

右ページ：1920年代の
角張ったスタイルのあとに、
ロマンティックな30年代スタイルが訪れる。
写真はシャネルがデザインした、
フェミニンで浮世離れした
プリーツ入りゴールド・ラメの
ロングドレスとボレロの組合せ。
気まぐれな形の花の頭飾りとベールが
合わせられている。

であったが、将来何の仕事をするかはまだ決めておらず、多くの時間を旅して過ごしていた。競馬用の馬小屋のあるミラノから、美術館を訪れるためにミュンヘンへ、スキーをするためにキッツビューエルへ、陽光を浴びるために南フランスへ、あるいはファシストが禁止した映画を見るためにパリへ、と。そんなパリ旅行の折に、ヴィスコンティとシャネルは出会った。陰影のある美貌とエレガントな物腰のヴィスコンティにシャネルはひかれ、自分の歳の半分にも満たない年下の男を誘惑しはじめ、ある日カンボン通りの有名なランチに招いたのである。

友人たちをもてなすときの主な部屋は、サロンの上のプライベート・ルームであった。前年、生活をシンプルにすべきだというポール・イリブの強い勧めで、シャネルはフォーブル・サントノレの建物を売り渡し、オテル・リ

アメリカが大恐慌で苦境と闘っていた時代、パリの社交界はパーティに明け暮れていた。写真は
黒いサテンのロングドレスと頭飾りで装って「ワルツの夕べ」に参加したシャネル。
フルコ・ディ・ヴェルデュラ公爵とともに。

ッツのスイートに引っ越していた。しかしリッツのベッドルームはただ眠るためだけの禁欲的な淋しい部屋だった。だからシャネルは、お気に入りの品(コロマンデルの屏風、クリスタルのシャンデリア、オリエンタル・テーブル、ペアのブロンズの動物像)を、カンボン通りに移したのだった。4部屋あるカンボン通りのアパルトマンで、シャネルは孤独を避けるべく友人たちを集め、彼らをもてなすことに多くの時間を費やしていた。6人から8人の仲間が食卓を囲んでいる間、シャネルは心に思い浮かぶままにさまざまな話をした。威圧的で、要求が多く、独断的な雄弁家だった彼女は、ハスキーな声と言葉の嵐で部屋を支配した。言い争ったりかんしゃくを起こしたりすることはあ

ったけれど、彼女は友情にあつく、話は面白く、義理堅かったので、彼女の誘いを斥ける友人などほとんどいなかった。シャネルの家で食事をするということは、誰も断わることのできない特権だったのである。頑固で意志の強かったシャネルのことを、マリー・ローランサンなどのアーティストやモーリス・サックスら作家、あるいはヴィスコンティのような独り身の男と並んで、時々食卓に加わっていたコクトーは、「黒鳥の頭と黒い雄牛の心」の持ち主と評した。

シャネルのロマンティックなあいびきのお膳立てに、ヴィスコンティは従った。シャネルの「女性らしい美しさ、男性的な知性、桁外れのエネルギー」

常にスポーツ好きだったシャネルが、
ラ・ポーザの木に登っている写真。
彼女の別荘は、
格式張った家の多いリヴィエラにおいては、
目立って田舎風だった。

両手に男性を抱えるシャネル。
左にいるのはひげのアーティスト、
クリスチャン・ベラールで、
彼女のために宝石をデザインしたり
イラストを描いたりした。
右はインテリア・デザイナーの
ジャン=ミシェル・フランク。

(ヴィスコンティ本人の表現)に興味をそそられ、彼はまもなくカンボン通りのアパルトマンとラ・ポーザ荘の常連になった。二人は一緒にイタリアに旅行し、南フランスでは一緒にロバの背に乗るという冒険もした。「ヴィスコンティはシャネルに夢中だったわ」とダイアナ・ヴリーランドは言っている。白いパンツとセーターにベレー帽と真珠のネックレスで装ったシャネルが、ヴィスコンティの手を引っ張ってロックブリュヌの丘を上る様子を回想しながら……。短い間、二人は恋人同士であったのだ。

ロマンスはいたるところにあるかに見えた。ファッションの世界では、1920年代のボーイッシュ・ルックの流行はもはや終わっており、スカート丈や幅をシーズンごとに発表するという作為的な変化を拒絶していたシャネルでさ

え、スタイルを変えることになった。ジャズ・エイジとともにあった両性具有的なスタイルはいずこへか移り去り、代わりに訪れたのは、ワルツとウィンザー公夫妻、そしてベル・エポックのしっとりとした記憶である。

「女性は昼間は青虫、夜は蝶、と変身すべきよ」とシャネルは宣言した。自身や顧客のイブニング・ドレスは、角張った平面的なシルエットのものから、デリケートなレースや柔らかいシフォン、ふわふわしたチュールで作られた丸みのある曲線を描く華奢なドレスへと変わった。昼間の装いとしては、ふわふわした印象の服は極力避けたが、女性の体のラインの美しさを生かすようなドレスやウエストを絞ったスーツを作った。シャネル印の服は依然として重要で、ジャージー・スーツとぱりっと白い襟やカフスのついたシャネル・

シャネルは機知に富み、
ぽんぽんと言葉を発した。
写真のシャネルは、
クリスチャン・ベラールに
なにか面白いことを話している。
隣でなんとか聞き取ろうとしているのは、
ジャン・ユゴーの妻。

ルックは、相変わらず需要が高かった。写真家ルイーズ・ダール=ウルフが好んだのは、白い胸当てがついた紺のウール・ジャージーの袖なしドレスに、白のピケのベストと着脱自在なカフスがついた紺のジャケットを組み合わせるというアンサンブルだった。ジャージー・アンサンブルが主力商品ではあったが、もっと異彩を放つ服も作っていた。たとえばウォリス・シンプソン（スキャパレリの固定客だった）がウィンザー公との結婚の前に買った青い毛皮の小さなケープのように。また、1930年代にシャネル一筋の顧客だったダイアナ・ヴリーランドは、ブロケードの服地やボレロやたっぷりしたスカート、パイエット（きらきら光る飾り）のちりばめられたベール、頭に飾られた花、といったシャネルのスタイルを懐かしそうに思い起こす。ヴリーランド自身

服のカットは
シャネルにとって最重要事項だった。
袖山は高くなければならず、
袖幅は細くなければならず、
上着はきれいなシルエットを保つべく
重みがなければならなかった。

左ページ：1930年代の
ロマンティック・ルックが
みごとに表現されている、
ビーズをちりばめた
シャネルのイブニング・ドレス。
髪はパイエットを散らしたベールで覆い、
頭頂にカメリアをあしらっている。

右ページ：シャネルは
防寒のために毛皮をまとうことを好んだ。
写真の彼女は、
アストラカンのスリー・クオーターズ
(4分の3丈コート)と
クロシュで装っている。

シャネルは
服地と直接向き合って仕事をした。
服のためのデッサンなどは
描いたことがなかった。
しかし、この写真では
服地の模様の絵を描いている。

のお気に入りはといえば、銀糸のラメと真珠を縫い込んで重みを加えられたたっぷりと広がるスカートの装いだそうで、合わせるのはリネンのレースのシャツと、ディアマンテと真珠をちりばめたレースのボレロ。「これまでに着た服のなかで、最も美しい服」と彼女は言う。

女らしさへのこだわりは、服ばかりでなくアクセサリーにも表現した。ばらとくちなしもよく使うテーマだったが、とりわけ頻繁に用いたのはカメリア(椿)である。アレクサンドル・デュマ・フィスの小説『椿姫』のなかできわめて優美に描かれた花であり、時代のイメージを担った花でもあった。白い花弁の花は装飾として欠かせない、と言っていた19世紀の貴族の女性たちに愛されたカメリアの花は、高級娼婦のシンボルともなり、自己犠牲も辞さない恋する人間の苦難の象徴ともなった。舞台の「椿姫」に主演したサラ・ベルナールは大成功をおさめ、1937年の映画で椿姫を演じたグレタ・ガルボも大評判を勝ちえた。シャネルはこの東洋の花のファンタジーを理解し、自分自身のアイコンとした。カメリアの花をエナメルのアクセサリーや布製アクセサリーに変え、髪に戯れにピンでとめてみたり、ベールに挑発的につけてみたり、ウエストに何気なくおいてみたり、首筋に無邪気につけてみたりした。いかにもシャネル的だったこのカメリアのアクセサリーは、真珠の数連の首飾りやエナメルのカフに続き、シャネル・ルックの象徴となった。

イブニング・ドレス(ラメやパイエットで光る、プリーツの入ったレース製のロングドレスなど)はこれまで以上に魅惑的で、昼間のスーツも都会的なツイード製で魅力的ではあったのだが、スポットライトは徐々にシャネルから逸れていった。代わってファッション誌にもてはやされはじめるのは、マンボーシャ、モリヌー、グレ、そしてスキャパレリだった。シャネル香水会社の社長のポストに就いたのは、ヴェルタイマー兄弟だった。ヴィスコンティの恋人の地位は、男性の写真家ホルストに奪われた。さらに従業員にも自分の地位を奪われそうになった。従業員たちは、賃金と諸手当を上げよと要求して、シャネルがサロンに仕事をしに来

ボーモン伯爵主催の舞踏会で、
シャネル（右）は「ワトーの無頓着」なる
コスチュームを着て現われた。
モンゴメリー伯爵夫人、
セルジュ・リファールとともに。
（1938年）

「ワトー」スーツを着るモデルを
眺めるシャネル。
このスーツは、
シャネル自身が
ボーモン伯爵の舞踏会で着た
コスチュームからヒントを得て作ったもの。

ると、立入りを拒否した。フランスの議会で政権についた社会主義者たちにあおられたストライキの一部だった。レオン・ブルム率いる人民戦線が政権についた1936年の６月には、国のいたるところで、２万件以上のストライキが起きていたのだ。シャネルの店のストライキにおいては、シャネルの頑固さが粘り勝って、従業員は彼女の条件をのんで仕事に戻ることに同意したのだけれど、シャネルのビジネスに対する意欲はげっそりと失せてしまった。

おそらく孤独を忘れるためであろう、シャネルはこれまで以上に頻繁にパーティに関わった。また、回数こそ減ったけれど、自分の服の最高のモデルとして、カメラの前でポーズをとり、雑誌に掲載された。50代でありながら、彼女は、なお息をのむほど美しかった。ベベ・ベラールなどのアーティストたちは、チュールとパイエットと羽根で飾ったシャネルの肖像をスケッチし、1937年のパリ万国博で高く評価されたシックな展示「パヴィリオン・オブ・エレガンス」に出品した。また、セシル・ビートンやホルストをはじめとする写真家たちは、レンズを通して何時間もフォト・セッションという愛の時間をシャネルと過ごし、真珠と金で首回りを飾り、たばこを指の間にはさみ持った、肌を金色に輝かせた黒い目の美女のすばらしいポートレイトを生み出した。

再びシャネルは芝居にも関わるようになり、コクトーと組んで、彼の「オイディプス王」と「円卓の騎士」の上演のための衣装を創作した。ヴィスコンティを映画監督ジャン・ルノワールに紹介し、彼が映画の道へ進むきっかけを与えたあと、シャネルはルノワールの傑作「ゲームの規則」のコスチュームを創った。サルヴァドール・ダリとも、ともに仕事をした。ロックブリュヌにダリを招き、数ヶ月過ごしながら、「バレエ・バカナール」のための衣装を制作した。「オートクチュールにおけるシャネルのキャリアは、生物学的に決まっていたのだ」と、彼女の情熱とスタイルを間近に見たダリは言う。

白いラフ(ひだ襟)がついた
黒いベルベットのジャケットを着る
シャネル。
修道院での少女時代の日々を
思い出させる装い。

「彼女は世界で最も美しく装った肉体と魂の持ち主だ」とも。

しかし、フランスの空に暗雲がたちこめてくるにつれて、シャネルの気分も沈んでいった。政治的に無関心な人間さえ、政治に熱中しはじめており、そんなムードは会話や衣服に反映されていった。ファシストのフランコがスペインの内戦で勝利して独裁政権を打ち立て、ヒトラーがラインランドを奪回すると、第一次世界大戦後、中立的立場をとってきたフランス人は、カフェでドイツの侵攻について議論しはじめた。再び戦争をやるなんて誰も望んでいない、というのが大方の意見だった。「ドイツがフランスを侵略するとしたら、起こりうる最悪の事態は何だろう？」と小説家のジャン・ジオノは問いかける。「ぼくにとっては、死んだフランス人になるより生きてるドイツ人になるほうがまし、という事態になることだ」

シュールレアリストたちがほのめかしていた「予想もつかないこと」が、ひたひたと生活のなかに押し寄せてきた。軍靴の音と銃声がヨーロッパに鳴り響く一方で、共産主義者は赤いスカーフを巻き、ナチスは茶色のシャツで威張り歩き、ファシスト支持者は黒シャツで胸をそらせてのし歩いた。1938年の3月、ヒトラーの軍隊がオーストリアに侵攻し、続いてチェコスロヴァキアにも踏み入った。フランスでは、200万人以上の兵士が動員され、ドイツとの北の国境に配置された。今回の戦争は自分の有利にはならない、とシャネルは察知した。

やがて、つかの間とはいえ、ほっと一息つけるときがきた。ミュンヘン会議が行なわれ、イギリスの首相ネヴィル・チェンバレンが平和を宣言したのである。イギリス国王夫妻がフランスを訪れ、ヨーロッパの安全を保証すると、パリは熱狂的に喜んだ。1939年の夏には、パーティがいたるところで開

シャネルは
友人たちに囲まれて過ごすのが好きだった。
ここでは
アーティストのサルヴァドール・ダリ(左)、
アーティストにして劇作家の
ジャン・コクトー(中央)、
ダリ夫人、サモサとともに。

かれた。メンドル夫人は、ヴェルサイユに３頭の象と750人を招待して一大パーティを催した。ルイーズ・メイシーはがらんどうの部屋に数千のキャンドルをともし、飾りうるかぎりのダイヤモンドと王冠を身につけてくること、というドレス・コードでゲストを招いた。戦争直前に行なわれた祝祭パーティのなかでもきわめつけだったのは、ボーモン伯爵が劇作家ラシーヌの生誕300年を祝って主催した舞踏会ではなかったであろうか。その舞踏会で、ロスチャイルド男爵はオスマン帝国のサルタンに扮し、ターバンとサッシュを身につけて、代々伝わるダイヤモンドを見せびらかした。パリの『ハーパーズ・バザー』誌を代表して訪れたマリー=ルイーズ・ブスケは、未来の尼僧「ラ・ヴァリエール」に扮し、シャネルは「ワトーの無頓着」と名づけたサテンのコスチュームで参加した。しかし、こんなばか騒ぎもすぐに終わるときがきた。ナチスがポーランドに侵攻すると、フランスは戦闘準備を始めた。町の中には、敵の爆撃やガス攻撃や灯火管制を警告する張り紙が貼られるようになった。

その月の下旬には、光の都と呼ばれた都市は暗闇同然になり、美術館は閉館し、教会は土嚢を積み上げて警戒した。パリを離れることができる者はそうするよう勧められた。1939年９月３日、ナチスがポーランドを占領すると、フランスはドイツに対して宣戦布告した。数日後、警戒続きで疲れはて、また戦争に無関心でもあったシャネルは、クチュールを閉店すると宣言した。誰も服のことなんかに構ってはいられなくなったのである。

1940年６月頃、シャネルは家財道具をまとめ、オテル・リッツに保管を頼むと、パリを逃れた。250万人がパリを去った。ペタン司令官の言葉によれば、パリはナチスに明け渡す土地になってしまったのだ。ドイツ軍がやってきてパリを占拠する頃、シャネルはポーの近くにいた。かつて星のように輝く瞳でボーイ・カペルを見つめて過ごした土地であったが、今は疲労で目はぼんやりとかすんでいた。電報がきた。オテル・リッツを占有したドイツ軍がシャネルに戻ることを求めているという知らせだった。シャネルはあたふたとパリに戻った。

リッツに落ち着いたシャネルは、まもなくハンス・ギュンター・フォン・ディンクラージ男爵と恋愛関係をもつ。「スパッツ」（スズメ）と呼ばれたこの男は情報担当の貴族の将校で、たまたまシャネルは戦前から知っていたのだ。ドイツ人の男爵の父とイギリス人の母の間に生まれたディンクラージは、何年もパリで過ごしたことがあり、教養が高く物腰が優雅だったこともあって、数多くの女性の愛人をつとめてきた。スパイ活動を隠すべく、ディンクラージはたくさんの隠れみのをもっていた。ドイツ大使館員というのもその一つである。彼はシャネルに、テキスタイル部門の担当だと言っていた。シャネルと話すときには英語だけを用い、10歳年下ではあるけれども、自分はシャネルにぞっこんだと言った。パリがドイツ軍に占領されている間、シャネルはそんなディンクラージのおかげで孤独を感じることなく過ごし、自分自身を守ることができたのである。

しかし、ナチスの愛人を囲っておくのは、高くついた。「スパッツ」が高級ワインや葉巻や仕立てのいい服を好んだということもあったが、そればかりではなく、彼は人目を避けて過ごすことを好んだのである。目立ちすぎて上司の反感を買い、パリを去れという指令を出されるのではないかと怖れて、彼はほとんどの時間をカンボン通りで過ごすか、あるいはリヴィエラのシャネルの別荘とスイスのローザンヌ近くに彼女が借りている別荘を行き来して過ごした。知人にことごとく拒絶されたシャネルがごくごくたまにランチを一緒にとったりできる友人は、セルジュ・リファール、再び一緒になったホセ=マリアとミシアのセール夫妻、ジャン・コクトー、それに彼の愛人のジャン・マレーぐらいしかいなくなった。寒い冬になると、他の人々と同じように地下鉄に乗って出かけ、まともな食べ物と十分な光熱を得るためにヤミ市で法外なお金を払い、お金はあるのにしもやけで指が膨れて困るとぐちをこぼしながら、できるかぎりのことをして生き延びた。シャネルの店は故郷におみやげを買って帰るドイツ兵のために香水を売ってはいたが、販売数は一日20瓶に制限され、彼女の年収は5000ドルにまで落ち込んでいた。シャネルのキャリアは終わったも同然で、歌手として再出発しようとすらしたが、雇い手があるはずもなかった。ほかのクチュリエたち、たとえばモリヌーやマンボーシャやスキャパレリやウォルトは、国外に逃げていたが、シャネルはフランスを離れたくなかった。とはいえこんな状況では、目立たないよう過ごし、ともかく生き延びることで、精いっぱいだった。

戦争が終結に近づき、少し気分が浮き立ってきた頃、シャネルは和解のための手伝いをしようと考えた。ウィンストン・チャーチルがすでにドイツを無条件降伏させる準備を着々と進めていたが、これを回避させる計画をたてたシャネルは、チャーチルに会ってドイツと和解を結ぶよう説得し、ドイツの面目を立てようとしたのである。ナチスから計画を遂行すべくフランス国外へ出る許可を得た彼女は、スペインへ向かう途中の旧知のチャーチルに会おうと試みた。しかし、結局、面会は実現できずに終わり、計画は失敗した。ドイツ軍は完全降伏し、シャネルも面目を失った。パリが解放されたあとシャネルは逮捕されたが、かろうじて収監されずにすんだ。おそらく、チャーチルの援護があったものと思われる。小さな賄いつきホテルでしばらく過ごしたあと、シャネルはローザンヌへ逃れた。ディンクラージとの関係について尋ねられたとき、彼女はこう言っている。「この歳で、男があなたと寝たいと言ってくれたら、パスポートを見せてちょうだいなんて言わないでしょう」

とどめの侮辱はファッション界から与えられた。何年もの間、戦争による

クラシックなシャネル・ルック。
動きやすいカーディガン・ジャケットとスカートのスーツ、
はつらつとしたブラウス、
そしてジュエリーの組合せ。
イヤリングは花を半分にした形で、
金に真珠が埋め込まれている。
ネックレスはカラー・ストーンを埋め込んだ金のチェーン。

1931年のロンドンへの旅。
シャネルは
白い襟の黒いドレスを着ている。
白いカフスは、
いつものように、
手首の部分で折り返している。

配給だの制限だのでおしゃれを我慢してきた女性たちは、美しく身を飾りたいと切実に願っていた。シャネルが第一次大戦のあとファッションの方向を変えてしまったのとまさしく同じように、今度はクリスチャン・ディオールが、浮かれたこの戦後期にファッションの方向を変えてしまったのである。コルセットをつけ、豊かな胸と絞ったウエストを強調し、クリノリン入りのたっぷりしたスカートをはかせるというディオールのニュー・ルックは、ベル・エポックへの回帰として歓迎された。シャネルが亡きものにしたはずの

クラシックなジャージー・スーツを着て、
真珠のネックレスとイヤリングをつけ、
シャネルのシンボル的な
チェーン・バッグを持って、
彼女はカムバックを決意する。

古くさい下着と誇張された服が復活したわけだが、これはシャネル自身への侮辱でもあった。映画監督フランコ・ゼッフィレリと連れ立って通りを歩きながら、シャネルはファッショナブルに装った女性たちを指さし、かつて巨大な帽子をふらつきながらかぶっていた高級娼婦たちをあざけり笑ったように、足首丈のスカートとハイヒールでよろめきながら歩く女性たちをせせら笑った。「歩くことすらままならないじゃないの」と彼女は鼻で笑った。車を運転したり机に座って仕事をしたりする現代女性たちは、体を締めつけるこんな服などすぐいやになってしまうだろう、と直感したシャネルは、あることを決意する。ファッション界への復活である。

Lucky Number
ラッキー・ナンバー

「わたしのラッキー・ナンバーは５」とシャネルは話す。「シャネルNº5」が世界で最も有名な香水の仲間入りをしたためである。ヨーロッパでの戦争が終りに近づくと、ドイツ兵に代わってアメリカ兵がカンボン通りに長蛇の列をつくり、故国の妻や恋人のためにフリー・ギフトつきの「シャネルNº5」を買い求めるべく辛抱強く待つようになった。しかし実はアメリカでは、1940年にパリを離れたヴェルタイマー兄弟が、ニューヨークでこの香水を生産していたのである。

ヴェルタイマー兄弟がこの香水の権利を所有することになる経緯を語るには、香水誕生期にまでさかのぼらねばならない。1923年、兄弟とシャネルをひきあわせたのは、共通の知人、テオフィル・バーデルであった。百貨店ギャルリー・ラファイエットの創始者である。ピエール・ヴェルタイマーは、魅力的なビジネスマンで、競馬用の馬を飼う馬小屋と、香水化粧品会社「ブルジョワ」を所有しており、当時業界最大手だったこの会社のために新しい製品を探していたのである。シャネルはといえば、資金不足ゆえに香水を自分のブティックだけで販売していたのだけれど、もっと大規模に香水を製造販売してくれる協力者を求めていた。そういうわけで1924年、「シャネルNº5」が発売されてから３年後のことであるが、ピエール・ヴェルタイマーはシャネルのビジネス・パートナーになる。バーデルを加えた３人は新しい会社「パルファン・シャネル」を設立する。香水と化粧品のみを扱う会社である。ヴェルタイマーは総利益の70パーセントを受け取る。製品を製造販売する責任者として妥当な配分であった。バーデルは仲介手数料として20パーセントを受け取り、シャネルは香水の創造者として利益の10パーセントと社長の肩書きを手にすることになった。他のシャネル製品、つまり服やアクセサリーは、100パーセント、シャネルのものである。

あっという間に「シャネルNº5」は記録的な成功を収め、香水のラインに続々と新製品が加わった。1922年には「シャネルNº22」が、1925年には「ガルデニア」が、1926年には「ボワ・デジル」が、そして1927年には「キュイール・

ティアード・イブニング・ドレスは
シャネルのお気に入り。
型くずれのしない紺色のこのドレスは、
カムバック・コレクションにお目見えした。
服地はナイロンのシアサッカー。

上左：昔のコイン風のメダルと
金メッキのチェーン・ネックレスを
組み合わせたアクセサリーは、
ホルストが撮影した
シャネルがつけているアクセサリー
（本書カバー）と似ている。
CHANELの文字が刻印されている。

上右：ウェストミンスター公爵から
贈られた優美な
エメラルドのアクセサリーにヒントを得て、
彼女はラインストーンと
緑のガラスでできたネックレスと
ドロップ式イヤリングのセットを
考案する。
実際に作ったのはグリポワで、
クチュール・コレクションの
ランウエイで使われた。

右：グリポワ製の
ネックレスとイヤリングのセット。
注ぎ固めた赤いガラスと
模造真珠で作られている。

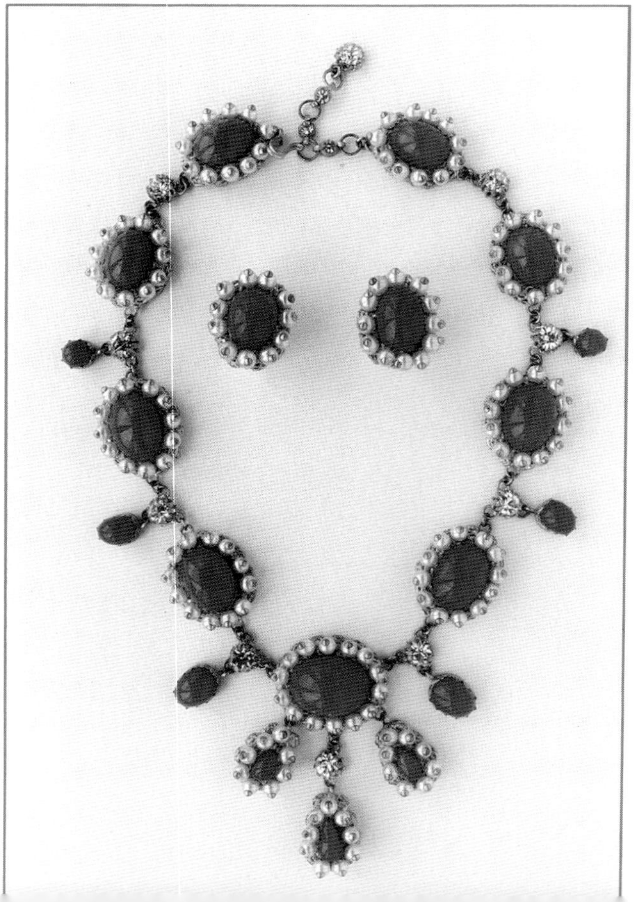

上左：シャネルはブローチを愛した。
CHANELの刻印があるこのブローチは
グースンズが製造したもので、
模造トルコ石と金メッキの組みひもで
作られている。

上右：シャネルは
しばしば二連のネックレスを身につけた。
これもその一つで、
模造真珠、ルビー、エメラルドの組合せ。
バロック真珠の色合いも、
ピンク、緑、白、とさまざま。

左：二連から成る
金の細線細工のチェーン・ネックレスは
グースンズが作ったもので、
中央のアクセントには
真珠、くじゃく石、ローズ色のガラスが
はめ込まれている。

ド・リュス」が。とはいえ、こうした新しいラインナップも最初の香水の人気には及ばず、1929年にこの会社は「『シャネルNo5』は売上げ世界一の香水」と宣言する。しかし、パルファン・シャネル社が莫大な利益をあげても、シャネルの手にはたいした利益は入ってこなかったのである。彼女の商才も、ヴェルタイマーとの取引きでは鈍っていたとみえる。自分自身とヴェルタイマーに立腹したシャネルは、利益の配分を増やそうと試みた。が、不首尾に終わる。会社設立から10年経った1934年、シャネルは会社内でのより大きな権力をもぎとるべく弁護士を雇い、パートナー相手に訴訟を起こす。その結果はといえば、シャネルは重役室の椅子から追い払われることになった。

8年後、戦争中であったが、シャネルは復讐を試みる。ドイツ占領軍が制定した「ユダヤ人は企業の所有権を放棄しなければならない」という法律を

カムバック・スーツ。
動きやすいカーディガンと
ポケットつきスカートのスーツを、
折返しカフスのついた
白いブラウスと合わせて着る。
首もとにはちょっと気取ったリボン、
髪には大きなリボンがあしらわれている。
このスタイルは
ディオールのニュー・ルックへの
挑戦であり、
フランス人には不評であったが、
アメリカの『ヴォーグ』の編集者には
たちまち気に入られた。

1961年のざらりとしたシルクのスーツは、
サファリ・ジャケット風。
シャネルが
キャリアをスタートさせた当初に
発表したデザインとさほど変わっていない。

好機とみたのである。国を逃れたユダヤ人が放棄した会社をアーリア人が引き継ぐことが、合法的に許されることになったわけだから。ヴェルタイマー兄弟はユダヤ人だったので、シャネルは会社の権利を要求し、自分のものにできると考えた。しかし、この兄弟は一枚うわ手だった。合衆国へ逃れる前に、会社の株をかつてのビジネス・パートナー、フェリックス・アミョーの手に委ねていったのである。アミョーはドイツ軍に武器を売る軍用機ディーラーである。会社の権利を所有し、戦後に利益を得るのは、このアミョーということになる。シャネルは八方ふさがりのなかでくやしがった。自分の正当な権利を主張し、ディンクラージとの親密な関係を利用しても、占領政府

のナチスの将校はシャネルのビジネスを認めることを拒否した。なんといっても彼らが必要としたのはシャネルよりもアミョーからの武器だったのだから。

さらにシャネルを憤激させる事態が起こった。ヴェルタイマー兄弟が「シャネルNo5」の製法を国外へこっそりと持ち出し、ニューヨークで製造を始めたというではないか。彼らのビジネスはアメリカでほそぼそと続くどころか、大繁盛したのである。シャネルはこれに対抗して、ローザンヌで「マドモワゼル・シャネルNo5」という新しいバージョンを作り、売り始めた。しかし、ほとんど話題にならなかった。その上、戦争中に、家賃だの賄賂だのヤミ市だの金のかかる愛人だのにお金をむしりとられて財産がすっかり枯渇していたので、シャネルは意を決し、再びヴェルタイマーに会うことにした。

1947年、彼女はニューヨークへ向かい、パートナーたちと交渉し新しい契約を結ぶ。一時金40万ドルプラス月々の支払いに加えて、シャネルの生活費すべて(家賃、食糧、税金、そしてビジネス経費)、プラス総利益の２パーセントをシャネルに支払うことを彼らは了承した。ただし、シャネルが香水ビジネスから完全に手を引く、という条件のもとである。生涯の保障を得た気分で、シャネルはフランスへ帰国した。「もう二度と働かなくてもよいことになったわ」と彼女は弁護士に話している。

その後数年間、シャネルは半ば引退したような生活を、落ち着かず、退屈しながら送っていた。カンボン通りのブティックに訪れる顧客のために香水やアクセサリーやスカートやセーターは販売していたが、クチュールは閉店したきりだった。しかし、女性たちがクリスチャン・ディオールやクリストバル・バレンシアガの複雑なデザインに四苦八苦しているのを見るうちに、もう一度シンプルな服を世に問うてみようという気になってきた。社交界の名士の娘が社交界デビューの夜に着るロングドレスを作ってみたところ大成功を博し、シャネルは信念を新たにした。しかし、カムバックを決意したものの、資金がなかったので、彼女はまたしてもヴェルタイマーを頼る。1953年のことである。シャネルがクチュール・ビジネスで成功すれば、香水の売上げも伸びるだろうと読んだヴェルタイマーは、資金の援助に同意した。今回は、彼女はビジネスにおける全権を放棄するという条件をのんだ。デザインの支配権だけがシャネルのものになった。

70歳になっていたシャネルは、1939年にクチュールを閉めたときと同じくらい精力的で、なんとしても自分の世界を世界に知らしめる、という断固とした決意にあふれていた。悲しいことに、ディミートリー大公、セール夫妻、ウェストミンスター公爵といった友人たちはみな逝去していたが、ビジネスに復活するという意志は、シャネルを若返らせた。気ぜわしくも活気にあふれて、シャネルは準備を開始した。総勢350名を雇い、復活コレクションのためのチームを結成した。1930年代に仕事場の室長として働いていたマダム・マノンを、新しいアトリエの総責任者として任命した。小柄で元気がよく、シャネルのために献身的に働いていたマノンに対する信頼はあつく、シャネルは自分が着る服もこの女性に縫わせていたほどだった。ほかの仕事をする職人も必要だった。フィッティング担当者、裁断担当者、型紙作成担当者、お針子、といったかつての使用人が再び仕事場に呼ばれ、戻ることができない者がいれば代わりに新入りも雇われた。服地のサンプルも作られた。一枚一枚、シャネルが念入りに選び抜いた服地であった。昼間の服地には、ウールあるいはシルクでできたおなじみのジャージー、そしてウールやリネンやシルクのソフト・ツイードを選んだ。イブニング用の服地には、レース、シフォン、ブロケードを選んだ。組みひも、ボタン、装飾材料も注文した。それからブラウスや裏地に使うシルクも。徐々に、パズルの断片が組み立てられていった。

左ページ：シャネルのツイードは
ジャージーと同様、有名になった。
カムバック直後に発表されたこのスーツは、
モーブとピンクのヘリングボーンで、
カフスつきのカシミア・セーターとともに
着られている。
ジャケットのボタンは昔のコイン風。

『ヴォーグ』に掲載された、
シャネルのお気に入りモデルの一人、
スージー・パーカー。
シャネルのシンボルであるシルクのカメリアを
うなじに飾っている。

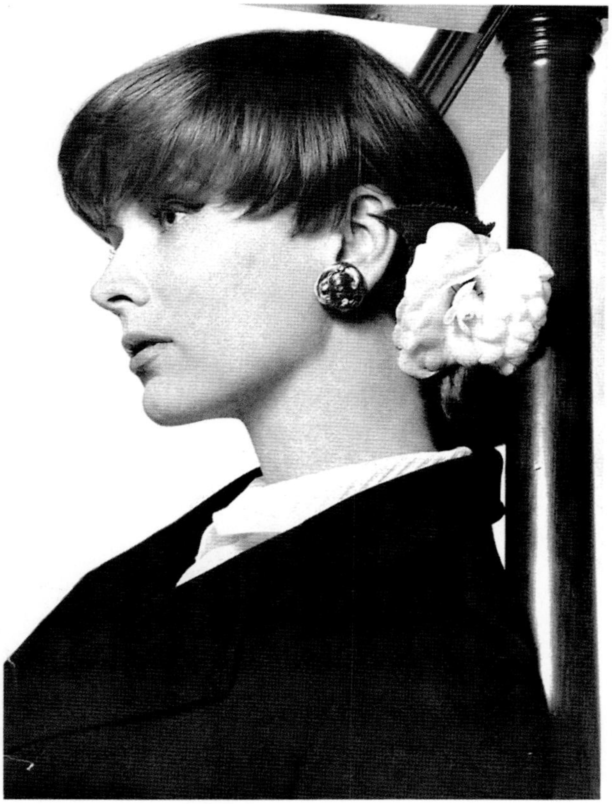

ほぼ１年間、シャネルはコレクションのために働いた。オテル・リッツのスイートをベッドルームとして使い続けており、ここで朝早く目覚めると、ポリッジ(オートミール)の朝食をとって一日に備えた。シャネルの仕事用のユニフォームはツイードのスーツであった。選択肢はたくさんあったにもかかわらず、選ぶのはいつも似たようなスーツである。お気に入りは、赤と紺の縁飾りのついたベージュのスーツである。お昼前のある時間になると、シャネルはカンボン通りを足早に横切って仕事場に向かう。スタッフの誰かがその姿を目撃すると、アシスタントたちは即座に「シャネルNº5」の瓶を開け、玄関、階段、サロンに吹きつける。シャネルが歩くすべての場所にこの香りが漂った。三つの踊り場がある急な階段を上り、仕事場に着くと、シャネルはその日のフィッティングの仕事にとりかかるのである。

白いスモックを着たモデルたちが、マドモワゼルの到着を待ちかまえている。一人ずつシャネルの前に呼ばれると、頑固そうなしかめ面で顔をしわくちゃにし、ひも

ひだ襟が羽毛の首巻きとなって復活。
格子柄のイブニング・スーツは、
金と白のブロケード。
シャネルは、
昼間からイブニングにかけて
着替えることなく過ごせる服を提案した
最初のデザイナーの一人だった。

右ページ：ツイードで強い主張をする
シャネル・スタイル。
黒と白のツイードを、
襟つきカーディガン・ジャケットと
ソフト・プリーツのスカートという
スーツに使ったばかりでなく、
おそろいの帽子とバッグにも使った。

151 ラッキー・ナンバー

を通したはさみを首からぶらさげ、ピンの山を持ったアシスタントを傍らに控えさせたシャネルが、仕事にとりかかる。服地を押したり引いたりしてピンを刺す場所を決め、襟をつけたりはずしたりし、ウエストバンドを引っ張り、袖をひきちぎって袖山の位置を高くし、たばこを持った手を空に突いて命令を下す……。上着はゆとりがあって、肩でフィットして無理なく着られていなければならなかった。アームホールは高い位置で作られねばならなかった。袖はぎりぎりまで細くなければならなかった。スカートは動きやすく、ポケットは両手をすんなりとおさめる位置につけられねばならなかった。彫刻家が石を彫るように、シャネルは常に完璧な形を求めて、余分なものをそぎ落としていった。シャネルの服のすばらしさの秘密はフィッティングにあることを、彼女も自覚していた。服の着心地がよければよいほど、それを着る女性はエレガントに見えるのである。

何度も何度も、シャネルは縫い目をひきはがし、縫い直した。肩を引き裂き、つけ直した。コレクションの前夜になった。「裏側も表側と同じように完璧」であることを期すべく、切ったり縫ったりピンを刺したりの作業を終えたあと、シャネルはサロンの床に仰向けに寝転がり、すべての作品の裾の縫い目が正しい位置にあるかどうかを確認した。それが終わると、アクセサリーの箱の中から、それぞれの服にふさわしい花飾り、最適のブレスレット、いちばん似合うイヤリング、正しい長さの真珠のネックレスを選び抜いた。そしてついに1954年2月5日、静かなる絶対の自信をもって、シャネルは新しいコレクションを発表する。

カンボン通りのショウルームには、バイヤーとジャーナリストが世界中から押し寄せてきた。アメリカからは『ヴォーグ』誌のベッティナ・バラード、『ハーパーズ・バザー』誌のカーメル・スノウ、『ライフ』誌のサリー・カークランド。パリからは『ヴォーグ』『エル』『パリ・マッチ』『マリ・クレール』各誌の編集者や、『ロラクル』『コンバット』『フィガロ』各紙の新聞記者。また、アメリカからはB・アルトマン、ハッティ・カーネギー、ロード＆テイラー各店のバイヤー、それにパリやロンドンからも大勢のバイヤーが訪れた。シャネルの旧友、ボリス・コクノとフランコ・ゼッフィレリはなんとか店内に入り、広いサロンの椅子に腰かけることができた

『ヴォーグ』に掲載された、
シャネルの
黒いレース製ロマンティック・ルック。
スペインの影響が感じられる
スパゲッティ・ストラップ（細い肩ひも）の
丈の短いイブニング・ドレス。

左ページ：段々になった
ティアード・イブニング・ドレスは
シャネルのコレクションでは
すっかり定番になった。
『ヴォーグ』に掲載されたこのドレスは、
プリーツ入りの黒いシフォン製。
オリジナルもコピーもアメリカで売れた。

が、椅子に座れなかった人たちは後ろの方で立ち見だった。取巻きに囲まれたシャネルは、シンプルなジャージーのカーディガン・ジャケットと動きやすいスカートで装って、螺旋階段の上の方、いつもの場所に腰を落ち着けた。この情景を眺め下ろしていたシャネルの黒い瞳はシークイン(きらきらする小さいスパングル)のように光り、シャープな頬骨は金色に輝き、赤い唇はたばこの煙をふかしていた。

部屋には花の飾りなど一切なく、場をもり立てる音楽もない。ゆっくりと、最初のモデルが登場する。シャネルに教えられた通り、首筋をすっと伸ばし、肩を後ろにそらせ、ヒップをつきだし、片手をポケットに入れ、もう片方の手に番号札を持って、滑らかに歩いてくる。黒いコートの下はおそろいのスカートとぱりっとした白いブラウス。モデルと服は、1920年代、30年代のシャネルを懐かしく思い出させる。5、6歩ずつ遅れて、次々とモデルが登場する。大きなリボンで髪を後ろにまとめた、スリムで端正なモデルたちが、黒っぽいジャージーのスーツに身を包んで現われる。ポケットのついたベストに長袖ブラウスを着るモデルもいれば、学校の制服風のコートを着るモデルもいるし、短めのはつらつとした上着を着るモデルもいる。スカートはそれぞれ上着とおそろいで、丈はひざすれすれ。ドレスとおそろいのコートで現われるモデルもいれば、スカートのパネル部分に目立つ色を使ったシャツドレスのモデルも現われる。シンプルな昼間の装いからカクテルドレス、イブニングドレスへと移行すると、突然、がらりと雰囲気が変わり、柔らかなドレスが続々と登場する。マット・ジャージーまたはモスリン製の、クリスタル・プリーツ(軽い布にプレスしてひだ山がきっちり立ったプリーツ)のナイロンのロングドレス、赤い縁飾りのある白いレースのロングドレス、あるいは黒い縁飾りのある赤いレースのドレス、金の縁飾りのあるブロケードのスーツなどを着たモデルたちが、サロンを踊るように横切っていった。

鏡の階段の上段には、張りつめてぴりぴりしたシャネルが座り、観客の顔に表われる表情を読み取っていた。彼女の予想以上に、雰囲気は悪かった。かつて嬉々として支援してくれたジャーナリストたちは、苦虫をかみつぶしたようなしかめっ面で彼女の服を見ている。バイヤーたちは、疑問符を浮かべるかのように眉をひそめている。そもそも彼らは、モダニティのエッセンスと呼ばれた女がいったいモダン・ルックをどんなふうに変えるというのだ

ツイードのグレン・チェックのスーツと、
はっきりとした
格子柄のブラウスという
面白い組合せ。
ブラウスの柄が、
スーツの裏地の柄とおそろいになっている。

左ページ:イブニング用のひだ襟が、
そよ風のように
軽いシルクのドレスの上部を飾る。
シャネルは
カンボン通りのサロンでは音楽なしで
コレクションを見せることにこだわった。
モデルは典型的なシャネル・ポーズで歩く。
片手をヒップにあて、
もう片方の手で番号札を持っている。

ろう、という不信感を抱いてこのコレクションを見に来ていたのだった。今、シャネルがお披露目している飾り気の少ない服は、ディオールの曲線美スタイルの対極をなすものだった。1920年代のシャネルのおてんば娘ファッションが、第一次大戦中のポワレのファンタジー・スタイルの対極をなすものだったのと同じように。しかし、ファッションを神聖視する国フランスでは、今やクリスチャン・ディオールが新しい神として君臨しており、ディオールをその地位から引きずり下ろそうとするシャネルは、反キリスト者のように見えたのである。観客は顔をしかめた。氷のような静寂の合間に、軽蔑の忍び笑いがさざめいた。それを見ていたフランコ・ゼッフィレリはこう思った。「こんな残酷な光景は、見たことがない」

ニューススタンドに雑誌が並びはじめると、フランスとイギリスがシャネルを侮蔑して拒否したことが明らかになった。彼女のコレクションを「物悲しい回顧展」だの「大失敗」だのと呼んだのだ。ところが、ヨーロッパのジ

女優のロミー・シュナイダーは、シャネルのカムバック後に顧客になった。映画のセットのなかで、シュナイダーは最新型のリトル・ブラック・ドレスを着ている。首もとにフェミニンなリボンがあしらわれたシンプルな黒いワンピースに、真珠のネックレスと、ベージュと黒のツートーン・カラーのバックベルトのシャネルの靴を合わせている。

左ページ：シャネルはカンボン通りのサロンの上のアパルトマンで友人たちをもてなした。コロマンデルの屏風、オリエンタル・テーブル、動物のブロンズ像、装飾鏡などが配された贅沢なムードの部屋だった。テーブルの上の小間物の中には、浮彫りが施された、内側が金張りの銀の箱もあった。ウェストミンスター公爵からの贈り物である。

モナコのグレース妃
（元女優のグレース・ケリー）は、
シャネルのスーツをひときわ愛した。
写真は1967年の
王宮でのクリスマス・パーティ。
グレース妃は
カーディガン・ジャケットの縁全体に
ぐるりと組みひもがあしらわれた
ツイードのシャネル・スーツを着ている。

ャーナリストたちはかくも残酷に否定的だったのに、アメリカのジャーナリストたちは礼儀正しくシャネルを扱ったのである。『ライフ』誌はシャネルの復活を歓迎し、『ヴォーグ』誌は何号か連続で彼女を称賛しさえした。シャネル・クチュールのオープニングに合わせて刊行された誌面では、このように評している。「シャネル・ルックは、H_2Oのように固有の特性をもっている。若さ、快適さ、ジャージー、真珠のコンビネーションに贅沢が隠されているという特性である」

コレクションの翌月号では、シャネルの新しいモデル、マリ=エレーヌ・アルノーが着る３種類の装いを特集した。一つはＶネックのドレープ感のある赤のジャージー・ドレスで、数連のパールのネックレスとともに装われている。もう一つは、これもＶネックであるが、段々になったシアーサッカーのイブニング・ドレスで、無理なく部屋を移動することができ、しわ一つなく大陸間を移動することができるという、シャネルの自然体を反映したものだった。しかし、編集者と読者が本当に求めていたものは３番めの服であった。クラシックなシャネル・ルックである。紺のウール・ジャージーのスーツで、上着は気持ちパッドの入った、四角い肩のカーディガン・ジャケットになっており、二つポケットがつき、袖のボタンを外して裏返せば真っ白なカフスが現われる。上着の下に着る白いモスリンのブラウスには、きりっとした襟とボウタイがついており、その裾は、動きやすいAラインのスカートのウエストラインにつけられた小さなタブでとめておけば、ずれる心配もない。

モデルはポーズをとるとき、両手をポケットにつっこみ、生意気なカンカン帽を頭にのせている。『ヴォーグ』はこれを、「媚態の復権」と宣言した。確

シャネル・スーツを着た
モデルたちに囲まれて、
カンボン通りのアパルトマンの
リビング・ルームにある
スエードのソファーでくつろぐシャネル。
後ろには革張りの本がずらりと並ぶが、
これはシャネルの蔵書のごく一部。
いちばん手前に座っているのが、
スージー・パーカー。

1960年代のスーパー・モデル、
スージー・パーカーが、
目立つ色の組みひもがあしらわれた
ツイードのシャネル・スーツを着て、
誇らしげにベビーを紹介している。

1959年、シャネルは
カーディガン・ルックを応用して、
紺のパイピングで飾られた
ベージュのウール・コートを作った。

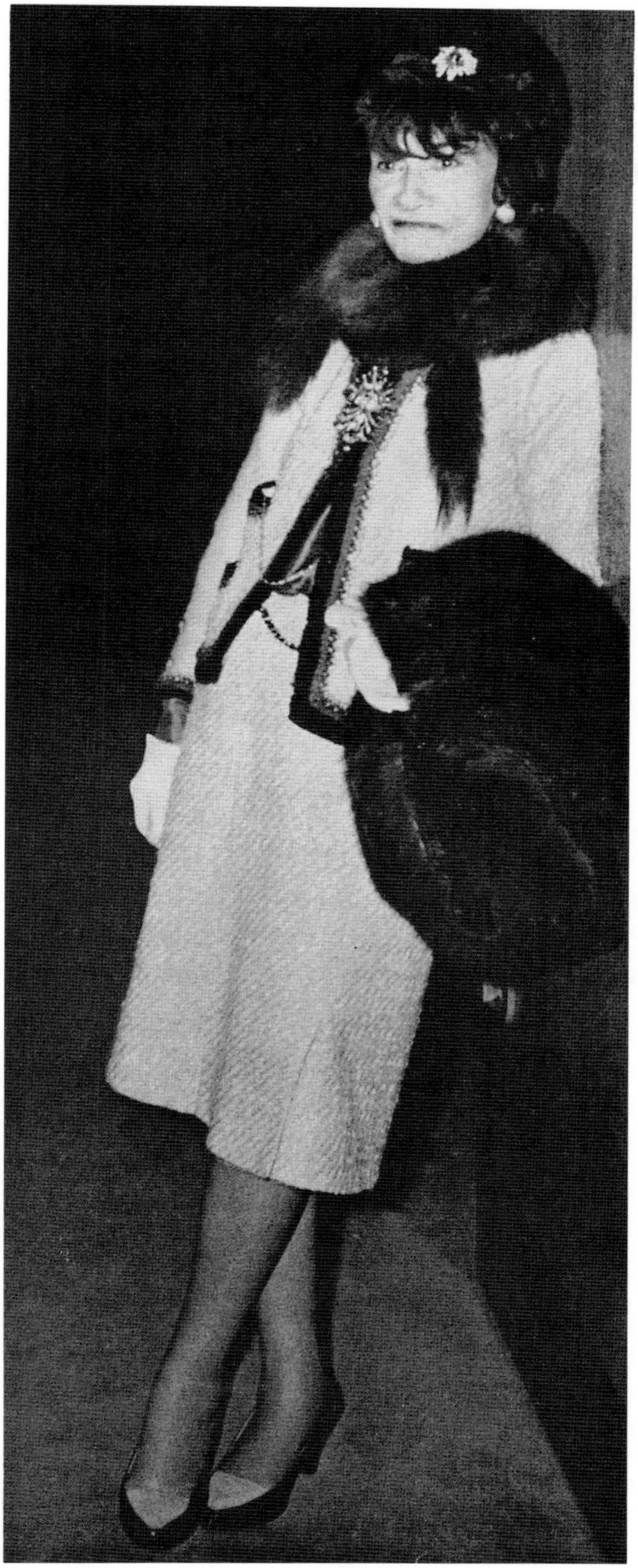

1965年、
『ヴォーグ』のためにポーズをとるシャネル。
パッチ・ポケットの
ついた襟つきカーディガン・ジャケットと
動きやすいスカートから成る、
組みひも飾りのついたツイード・スーツ、
というシャネル印の装い。

かに、このスーツが表現するものは、シャネルが広めた若々しく女らしい態度であったのだ。『ヴォーグ』のベッティナ・バラードは、ニューヨークにおける業界最大の団体「ファッション・グループ」の会合に出席してパリの最先端トレンドを報告した際、シャネルの服半ダースを紹介したばかりか、自身もジャージー・スーツを着ていた。シャネルへの信頼をこれほど強調する振舞いはないであろう。ニューヨークの小売店はバラードに同調する。

1954年の秋に行なわれたシャネルの次のコレクションでは、風向きが変わり始め、3度めのコレクションの後には、何百万人という女性が『ライフ』誌の次の記事を読むことになる。「シャネルはあらゆるものを変えつつある。71歳にして、シャネルはスタイル以上ものをもたらしたのだ。すなわち革命を」。ディオールですら、シャネルを無視することはできなかった。1954年の8月に『ニューズウィーク』誌はディオールについてこんな記事を書いている。「パリの先導役は、シャネルが愛した1920年代にインスピレーションを求めた。ディオールのモデルは、胸も、いつもならばヒップがつきだす腰のラインも、平らにしてしまい、コレクションでは曲線が全く見られなかった。ショウは割れるような喝采で讃えられた」。とはいえ、変化をもたらしたのは明らかにディオールではなくシャネルであり、評判が高まるにつれて、一般の女性や女優たちが彼女の服を着たがるようになった。新しく顧客になるのは、マルレーネ・ディートリッヒにロミー・シュナイダー、ジャンヌ・モロー、グレース・ケリーら。ケリーにいたっては自分のドレッシング・ルームでのフィッティングを要求した。

シャネルのクチュール・コレクションの復活を完璧なものにするためには、コスチューム・ジュエリーも必要だった。彼女は再びド・ゴースを訪ねる。1930年代に一緒に仕事をした金細工職人である。ド・ゴースのほうでは今や若いデザイナー、ロバート・グースンズを雇い、銀や金のアクセサリーを作っていた。シャネルの監修のもと、彼らはカラー・ストーンを埋めた長い金のネックレスや、エナメルのカフに埋め込むマルタ十字架、模造真珠の長い数連ネックレス、真珠のボタン形イヤリング、金にカラー・ストーンをはめ

シャネルの生涯にわたって、
ジャージーは重要な服地であり続けた。
写真は、
短い丈のボレロ・ジャケットを使った
ツーピースのスーツで、
ここでもジャージーを使っている。
ブラウスの代わりに
ぱりっとした着脱自在の白いリネンの
襟とカフスがついている。
真珠と花飾りが、この装いを
新鮮でフェミニンなものにしている。

右ページ：1930年代にはじめて
イブニング・パジャマを着たシャネルは、
1965年に薄いシルクの
イブニング・パジャマ・ルックを発表する。
バックベルトの靴といかにもシャネルらしい
チェーン・ネックレスが合わせられている。

163 ラッキー・ナンバー

アルノー・ド・ロズネイもまた、
シャネルのお気に入りモデルの一人だった。
写真の彼女はツイード・スーツに
メタリックな金メッシュのベルトをあしらい、
シャネルのお気に入りの
マルタ十字のネックレスをつけている。

こんだイヤリングなどを作った。シャネルの星座のシンボルであるライオンのモチーフも、ペンダントヘッドからブローチやボタンに至るあらゆるものに登場するようになる。Cを二つ重ね合わせたあの有名なロゴマークも商品につけられた。

アクセサリーのコレクションを増やすべく、シャネルは過去からアイディアを引っ張り出し、再び新鮮によみがえらせた。さまざまな花のモチーフは、

上：ミニ丈のラッフルのブラック・ドレスは、
1961年のアラン・レネの映画
『去年マリエンバートで』に主演した
デルフィーヌ・セイリグのために作られた。

左：キャリアの当初から、
シャネルにとって黒は重要な色だった。
ここでは宝飾ボタンのついたVネックの
ブークレのカーディガン・ジャケットで
黒を使っている。
金のチェーンのショルダー・バッグは、
20世紀のステイタス・シンボルの
一つとなった。

布製のピンやヘア・アクセサリーとなって返り咲いた。1930年代に作ったショルダー・バッグは、1955年に復活させた。キルト加工した革あるいはジャージー製の細身で四角いこのバッグは、20世紀後半のステイタス・シンボルに化ける。1920年代に人気を博したツートーン・カラーの靴は、シャネルがロー・ヒールのバックベルトの靴に作り変えると、全く新しい靴として生まれ変わった。ほかのすべてのシャネル製品と同様、この靴は若々しく、かわいくてしかも機能的だった。黒のつま先は足を小さく見せ、ベージュのかかとのない枠革は脚を長くセクシーに見せた。ロー・ヒールは歩行を楽にした。

復活したシャネルのかくもすばらしい成功を讃え、1957年に高級百貨店「ニーマン・マーカス」は、シャネルを招待し、過去50年間で最も活躍したデザイナーとしての賞を授与した。また、ニュー・オーリンズは「市の鍵」をシャネルに贈った。テキサスからの帰路、シャネルはニューヨークに立ち寄り、「ファッション・グループ」に顔を出した。シャネルは活発な印象の新しいスーツを着ていったが、ほかのデザイナーたちは「サックドレス」と呼ばれたドレスで出席していた。シャネルは女っぽすぎるそのドレスをせせら笑った。ホテル・ウォルドルフ・タワーズの部屋で、シャネルは麦わら色のシルク・スーツにカフ・リンクスをつけた白いブラウスを合わせ、宝石をじゃらじゃらつけて、『ニューヨーカー』誌のインタビューに答えた。シャネルのデザインは、「30年前に全く劣らないほど強力に、女性のスタイル(と精神)を変えた」とこの雑誌は書いた。「20歳レベルの汲めども尽きぬ生命力をもった、恐るべき魔術師」とシャネルを称して。また、『ニューヨーク・タイムズ』記者として彼女にインタビューをしたナン・ロバートソンは、今なお彼女の外見が「はっとするほど素敵」で、「威勢がよくて血気盛ん、そして率直」な人柄をはっきりと覚えている。

パリでのシャネルは、依然としてカンボン通りのフラットでサロンの女王然として振る舞っていたが、今やランチをもてなす相手はアメリカのジャーナリストたちだった。テーブルにつく客の顔触れは変わっていても、シャネルの人柄は全然変わっていなかった。その日に狙いを定めた一人の客に関心を集中し、その客を帰すまじと、目と言葉で席に引きとめておくのである。「シャネルは3時までわたしを帰らせなかった。だからほかのコレクションはすべて見逃したわ」と広報ウーマンのエレノア・ランベールは称賛の笑みをたたえながら語る。客の腕をしっかり取り、シャネルは若い頃と同じよう

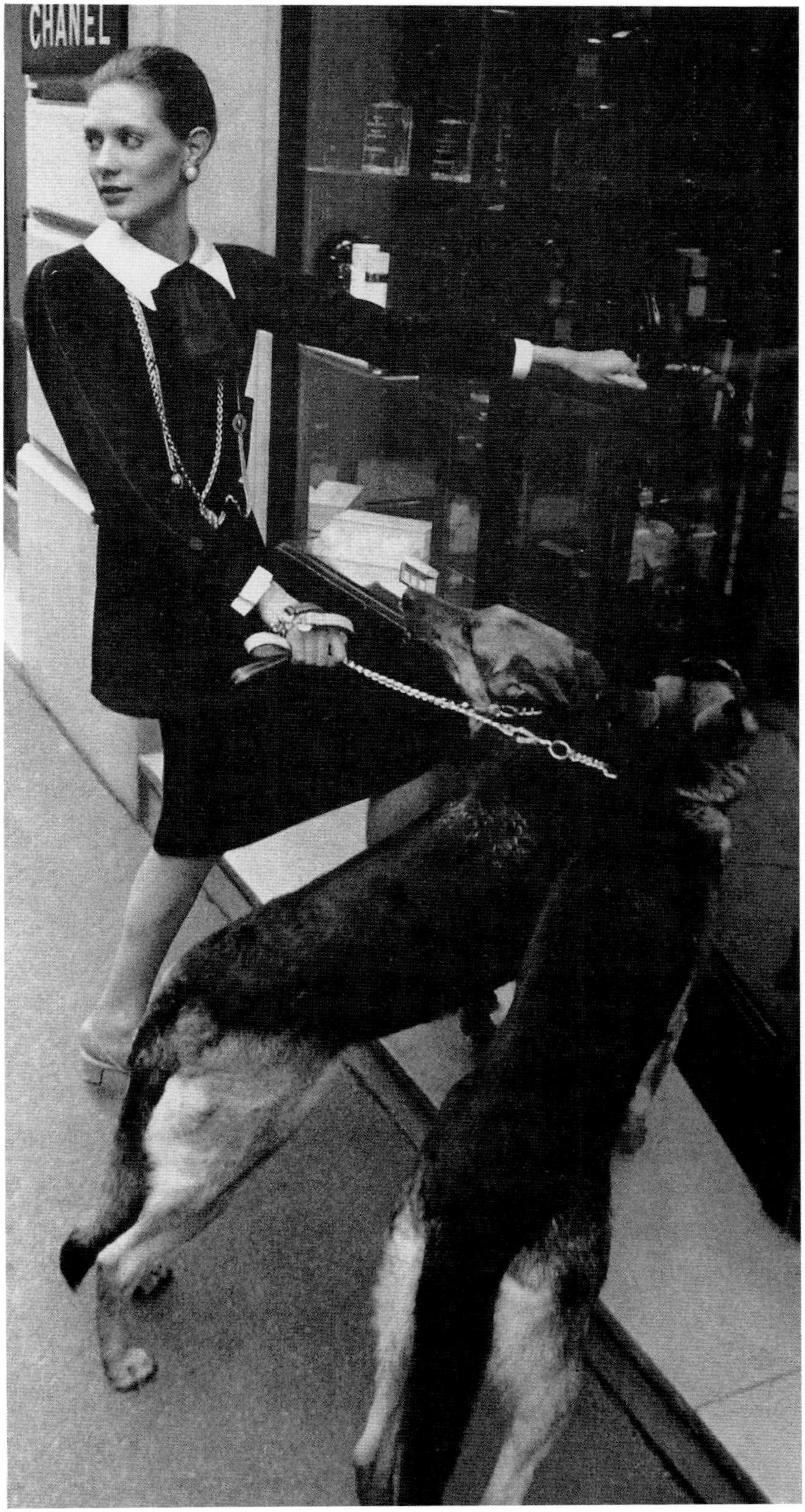

黒と白でシャープな印象を与える
ジャージーの服。
シャネルは
1970年に長いチュニック・ジャケットの
このスーツをデザインしたが、
これはすでに1916年に
彼女が作っていたものである。
糊づけした白い襟とカフス、
ゆれるリボン・タイ、
チェーン・ネックレスは
代表的なシャネル・ルックである。

左ページ：ティアー(段々の層)と
ラッフルが特徴の
フェミニンなイブニング・ドレスは、
すぐシャネルの作品とわかる。
シャネルは、
露悪的セクシーさとは全く無縁な
男性受けのよい服を作ることができるという
自信をもっていた。

1920年代、30年代に作ったスーツと
よく似たクラシック・ジャージー・スーツを
着るシャネル。
ノッチ（V字の切込み）が入った襟がつき、
ウエストがしぼってあり、
白いカフスは
手首のところで折り返してある。
イヤリングとネックレスとブローチには、
明らかに本物と模造品が入り乱れている。
右手の指輪は、
ボーイ・カペルから贈られたもの。

にウィット豊かに、息もつかずに機関銃のようにしゃべっていたのである。しかし、ウィットはまだ健在であるとしても、富は指の間からこぼれ落ちて消え去っていた。「真珠や宝石で莫大な財産を築いたわ」とシャネルはモデルのベッティナに話している。「その財産を全部とっておけたなら、今や大金持ちだったのに」。とはいえ、その宝石は男たちから贈られたものであり、シャネルの人生を美しく彩ってくれる男はもはやいない。彼女のほうにも、新しい恋人を誘惑しようという熱意はもうなかった。それでも孤独は怖かったので、シャネルは自分のまわりに女たちをはべらせた。シャネルは愛人を男から女へと変えたのだ、という説がファッション業界にまことしやかに流れた。シャネルのイメージをそのまま具現していた若くて美しいモデルたち(そのうちの何人かはレズビアン)が、シャネルの愛情の対象になったのである。

カムバックから10年もたたないうちに、アメリカ女性のほとんどがシャネル・スーツのことを知り、欲しがっていた。柔らかいパステル・カラーあるいはツイードのチェックのスーツで、カーディガン・ジャケットの上着には目立つ色の組みひもで縁飾りがしてあり、内側には金の鎖で重みが加えられている。スカートははきやすいAラインで、シンプルなブラウスはジャケットの裏地とおそろい。そんなシャネル・スーツを。このスーツはあらゆるタイプの小売店で、あらゆる価格帯のコピーが作られて売られることになった。「サックス・フィフス・アヴェニュー」がオリジナルのシャネル・スーツを売れば、ニューヨークのディスカウントストア「オーバック」が一日に200着のコピー版のスーツを売った。シャネルはその事態をとても喜んだ。

シャネルの友人であり、
かつて恋人だったルキノ・ヴィスコンティは、
1961年、監督する映画『ボッカチオ'70』で
ロミー・シュナイダーのコスチュームを
シャネルに依頼した。

常に恋愛ざたに
事欠かなかったシャネルが、
アレクサンダー・リーベルマンの目を
いとおしげにのぞきこんでいる。
それを眺めるのは、
ジョン・フェアチャイルド(いちばん左)と
『ウィメンズ・ウエア・デイリー』の
ジェームズ・ブラディ。

わたしたちが知るシャネル・スーツ——組みひもの縁飾りがあしらわれた襟なしジャケットと細身のスカートの組合せ——は、見た途端にすぐ「シャネル」とわかり、世界中で大人気である。東京でもケープタウンでも、カイロでもローマでも、同じように称賛されるのだ。着る女性の出身地や社会的地位や背景はさまざまである。女優もいれば政治家もおり、社交人士もいればイスラム教徒の家長の妻たちもいるが、誰であれこのスーツを着る女性は、シックな女性と見られ、かつ銀行に莫大な預金があると見られるのである。どの国の通貨であれ、シャネル・スーツ一着はきわめて高価である。贅沢な服地、正確な裁断、繊細な細部の仕上げ、すべてが高い値段の理由になっている。しかし、スノッブという概念もまたそのなかに縫い込まれているのである。シャネルほどスノッブな人間はいなかった。それもこれも、あまりにも長い間、彼女は軽蔑される立場に甘んじてきたからである。だから、自分の作品に対する支払いを要求するチャンスがめぐってきたとき、彼女は裕福な顧客にその代価を払わせるようにもくろんだのである。しかも、シャネルは理解していた。価格が高ければ高いほど、自分の作品の評価も高まるということを。

しかも、スーツの真の美しさは、目で見ることすらできない。贅沢は目に見えないところにある、という信念をシャネルはもっていた。「贅沢とは、感じるべきもの」というのがシャネルの持論だ。「贅沢に包まれている、と感じる女性は、特別な輝きを発するものよ」と。工夫は微細なところにあるのだが、その効果は絶大だった。ポケットはただの飾りに見えるかもしれないが、鍵や口紅をしのばせるのに、あるいは手の置き場所として、これほどすばらしい場所があるだろうか？　上着の内側にはあちこちに何気なく鎖がついていて、これはシャネルのブランドの印にしか見えないのだが、ほかのあらゆる細工と同じように、それはちゃんと機能をもっている。上着に重みを与え、定位置に落ち着かせておくという機能を。タクシーを呼び止めるために片腕を上げても、肩をすくめるポーズをとっても、鎖のおかげで縦のラインはまっすぐ滑らかに保たれるのだ。また、高い位置につけられた袖山のおかげで、着る人の動きは格段に楽になる。

上着の下には袖なしブラウスが合わせられるが、これは暖房の効きすぎた部屋でも着る人を涼しく保っておいてくれる。しかも、上着の袖口につけられたカフスは取り替えることも洗うこともできるすぐれ物で、このカフスのおかげで装いは完璧なのである。ウエストバンドの内側に縫いつけられたリボンは、ブラウスのすべり止めの役割を果たしてくれる。ヒップの近くにつけられたジッパーのおかげで、心ゆくまで食べてもお腹のラインにひびくことはない。スカートはバイアスに裁断された服地で縫製され、サイドにスリットが入ったり、あるいは正確にプリーツが入れられているので、着る人が足早に歩いたり、タクシーまで走ったり、水たまりを跳び越えたりしても、体に合わせて服が動いてくれる。すべての工夫が機能的で、論理的なのである。着る人が自分にこころよい自信を持ち、男性の目に魅力的に映るように作られているのである。

Enduring Allure
アリュールは永遠に

女性のスカートが足首を覆っていた20世紀初頭から、快活で威厳も保ったひざ丈に上昇するまで、シャネルの服は時代を先取りしていた。時代とともに生きた最初のデザイナーだった、とシャネルは自称するが、実はそれ以上の存在だった。時代の先を生きた最初のデザイナーだったのである。地震の前に地面の震えを察知できる動物のように、彼女は土着的な直感で、来るべき激震を予知していた。第一次世界大戦中に女性の生活の大変化を目の当たりにしたシャネルは、もはや事態は決して後戻りしないことを予知していた。ベル・エポックの浮かれ女は永遠に消え去り、代わりに世のため人のために献身する淑女と、シャネルのようにフルタイムのキャリアに生きる女性が現われる時代になる、という未来図を彼女は見ていたのである。

シャネルは望むままの人生を生きる自分の未来の姿を描き、真に解放されて生きるには自分自身の力を頼むしかないことを知っていた。自由こそ、シャネルが行なったすべてのこと——髪を短く切り、肌を日に焼き、スカート丈を短くし、窮屈な下着を脱ぎ捨て、社交欄をにぎわせたこと——のなかに表現されている要素なのである。

シャネルは、服を通じて女性に力を与えた。女性の体の動きを変え、感じ方を変え、装い方を変えることによって、女性の自覚を変えたのである。シャネルの服を着る女性は、自分の体に対する意識を高めることになった。シャネル自身がそうだったように。シャネルは女性が着心地よく感じられるような、肌触りのよいスーツを作った。女性の体が束縛を感じることなく動けるような、柔らかいジャージーを使って。また、ショルダー・バッグをデザインして女性の両腕を自由にし、バックベルトの靴を作って歩きやすさとセックス・アピールを兼ね備えた足元を演出した。シャネル本人のセックス・アピールも強力で、男性にもてた。常に恋愛ざたは絶えなかったけれども、キャリアには妥協することなく邁進した。その結果彼女が得たのは、束縛されないロマンスと天井知らずのビジネスだった。

シャネルは、男性の権力はその遺伝子ではなく経済力に由来すると見た。

左ページ：亡くなる数ヶ月前、
セシル・ビートンのために
ポーズをとるシャネル。
彼女のお気に入りの場所、
カンボン通りのサロンにある、
ベージュのカーペットが敷かれた
鏡の螺旋階段にて。

だから、同じ力を自分にも求めた。性的自由は男性にのみ許される特権ではないと考えた。だから、自分も同じ権利を主張した。また、美しさは内側からにじみでるものであること、体を心地よく包むことは精神の解放につながること、そしてデザインにとっての最高のインスピレーションの源は機能にあることを知っていた。

シャネルは、エレガントな服ばかりでなく、エレガントな環境も作りだした。居心地がよく、しかも贅沢でシックな空間を作り上げ、そこで実に幅広い範囲にわたる友人たちをもてなした。彼女の関心はスポーツから知的な領域まで、多岐にわたった。生涯を通じて活発に活動し、ライブラリに所蔵する本はすべて読破したと言っていた。頭の回転が早く、道楽三昧で退屈しているような男をも楽しませるようなウィットに富んだ会話ができた。シャネルの人生は自分自身で作り上げた伝説であり、本当の過去はわからないことの連続で、彼女は気分がのれば過去の話をいくつか話すにとどまった。シャネルが1971年に87歳で亡くなるとともに、過去のミステリーも封印された。

シャネルは自分の望む人生を生き、自分で計画したビジネスを成功させ、自分の望む男を恋人に選び、自分が着たいと思う服をデザインした。樹木が倒れるときには音を立てねば世に知られないということをわかっていて、世界最高のデザインでも世界がその存在を知らなければ売れない、と考えていた。それゆえ宣伝の価値を理解し、ジャーナリストをもてなし、自分にまつわる物語をコントロールしたが、誰に対しても見下げたような態度はとらなかった。いつも自分自身に対して正直だった。しかし、真実は隠蔽した。自分は伝説を作り上げているのだと自覚したうえでの隠蔽だった。シャネルにとっての真実を創るためなら、事実をひっくり返すことすらした。自分の自立は非常に高くつくことを知っていたが、自立にともなう孤独の代価は喜んで払う覚悟があった。

シャネルは情熱をもって愛し、一瞬一瞬を最大限に生きた。従業員には忠誠を、恋人には愛情を、友人には関心を要求し、自分自身には規律正しい生活と最高レベルの仕事を課した。どんなものをデザインしようと、アーティストの目でオリジナリティを追求し、職人の手で正確な仕上げを追求し、テイラーのはさみで余分をそぎ落としていった。

シャネルのスタイルには時を超えた官能があり、今なお魅力的なくつろぎがあり、美しいデザインの証であるミニマリズムがある。シャネルの外見は個性的であったが、彼女の服は普遍性をもった。シャネルのファッションは時代の最先端をいくものであったが、シャネルの服は時代を超越した。「ファッションは変わる。でも、スタイルは永遠よ」という言葉をシャネルは残している。女らしかったけれどちまちましたところはかけらもなく、誘惑好きだったけれど決してみだらではなく、控えめだったけれど決して退屈ではなかった。魅惑的で、辛抱強く、自立し、確かな自信にあふれていた。そんなシャネルは、生前も、そして今も変わらず、20世紀のスタイルそのものなのである。

Photography and Illustration Credits

写真、イラストレーションのクレジット

3 Mademoiselle Chanel. Copyright 1920, D. R. Chanel.
18 Roger-Viollet. Collection Viollet.
18 Roger-Viollet. Harlingue-Viollet.
19 Edward Steichen. After the Grand Prix–Paris, 1911. "The Metropolitan Museum of Art, Alfred Steiglitz Collection, 1933 (33.43.51).
20 Tony Stone Images.
28 Photo courtesy Maxim's de Paris.
29 Photo courtesy Maxim's de Paris.
31 Copyright © 1998 Artists Rights Society (ARS), New York/ADAGP, Paris.
32 Copyright © 1998 Artists Rights Society (ARS), New York/ADAGP, Paris.
33 Hulton Getty/Tony Stone Images.
38 Photo K. Pesavento. Courtesy Special Collections, FIT Library, New York.
40 Photo K. Pesavento. Courtesy Special Collections, FIT Library, New York.
40 Photo K. Pesavento. Courtesy Special Collections, FIT Library, New York.
40 Photo K. Pesavento. Courtesy Special Collections, FIT Library, New York.
41 Photo K. Pesavento. Courtesy Special Collections, FIT Library, New York.
41 Photo K. Pesavento. Courtesy Special Collections, FIT Library, New York.
41 Photo K. Pesavento. Courtesy Special Collections, FIT Library, New York.
41 Photo K. Pesavento. Courtesy Special Collections, FIT Library, New York.
42 Photo K. Pesavento. Courtesy Special Collections, FIT Library, New York.
42 Photo K. Pesavento. Courtesy Special Collections, FIT Library, New York.
43 Courtesy Sotheby's, New York.
44 Photo K. Pesavento. Courtesy Special Collections, FIT Library, New York.
44 Photo K. Pesavento. Courtesy Special Collections, FIT Library, New York.
44 Photo K. Pesavento. Courtesy Special Collections, FIT Library, New York.
45 Photo K. Pesavento. Courtesy Special Collections, FIT Library, New York.
45 Photo K. Pesavento. Courtesy Special Collections, FIT Library, New York.
46 Roger Viollet. Collection Viollet.
46 Photo K. Pesavento. Courtesy Special Collections, The Fashion Institute of Technology Library (FIT), New York.
47 Photo courtesy of Henri de Beaumont.
48 Hulton Getty/ Tony Stone Images.
48 Courtesy Sotheby's, New York.
49 Courtesy Sotheby's, New York.
51 Roger-Viollet.
52 Roger Schall.
54 UPI/Bettman Newsphotos.
59 Photo K. Pesavento. Courtesy Special Collections, FIT Library, New York.
59 Copyright © 1998 Artists Rights Society (ARS), New York/ADAGP, Paris.
60 Photo K. Pesavento. Courtesy Special Collections, FIT Library, New York.
60 Photo K. Pesavento. Courtesy Special Collections, FIT Library, New York.
60 Photo K. Pesavento. Courtesy Special Collections, FIT Library, New York.
60 Photo K. Pesavento. Courtesy Special Collections, FIT Library, New York.
61 Roger Schall.
62 Courtesy Sotheby's, New York.
63 Photo by Edward Steichen. Courtesy *Vogue*. Copyright 1924 (renewed © 1952, 1980) Condé Nast Publications, Inc.

64 Photo K. Pesavento. Courtesy Special Collections, FIT Library, New York.

66 Photo K. Pesavento. Courtesy Special Collections, FIT Library, New York.

67 Photo K. Pesavento. Courtesy Special Collections, FIT Library, New York.

67 Photo K. Pesavento. Courtesy Special Collections, FIT Library, New York.

68 Roger-Viollet. Harlingue-Viollet.

69 Archive Photos.

70 Copyright © Artists Rights Society (ARS), New York/ADAGP, Paris.

71 Hulton Getty/Tony Stone Images.

72 Roger-Viollet. Martinie-Viollet.

74 Hulton Getty/Tony Stone Images.

75 Hulton Getty/Tony Stone Images.

76 Hulton Getty/Tony Stone Images.

77 Topham. The Image Works.

78 UPI/Corbis-Bettmann.

79 Hulton Getty/Tony Stone Images.

80 Photo by Baron de Meyer. The Metropolitan Museum of Art, Rogers Fund, 1974 (1974.529).

82 Topham. The Image Works.

84 Photo K. Pesavento. Courtesy Special Collections, FIT Library, New York.

84 Photo K. Pesavento. Courtesy Special Collections, FIT Library, New York.

85 Hulton Getty/Tony Stone Images.

86 Photo courtesy Henri de Beaumont.

87 Photo courtesy Henri de Beaumont.

88 Courtesy *Vogue*. Copyright 1926 (renewed © 1954, 1982) Condé Nast Publications, Inc.

89 Hulton Getty/Tony Stone Images.

90 Photo D. R. Chanel.

93 Hulton Getty/Tony Stone Images.

94 New York Times Company/Archive Photos.

96 Jewelry, collection of Pauline Ginnane-Gasborro.

96 Jewelry, collection of Pauline Ginnane-Gasborro.

97 Jewelry, collection of Pauline Ginnane-Gasborro.

97 Jewelry, collection of Pauline Ginnane-Gasborro.

98 Jewelry, collection of Pauline Ginnane-Gasborro.

98 Jewelry, collection of Pauline Ginnane-Gasborro.

99 Jewelry, collection of Pauline Ginnane-Gasborro.

99 Jewelry, collection of Pauline Ginnane-Gasborro.

100 Jewelry, collection of Pauline Ginnane-Gasborro.

101 Photo F. Kollar, © Ministère de la Culture, France.

102 Museum of Modern Art, Film Stills Archive.

104 Museum of Modern Art, Film Stills Archive.

105 Hulton Getty/Tony Stone Images.

107 Roger Schall.

108 Photo Lipnitzki. Roger Viollet.

109 Hulton Getty/Tony Stone Images.

110 Photo by Moral.

111 Roger Schall.

112 Roger Schall.

113 Roger Schall.

115 Photo F. Kollar, © Ministère de la Culture, France.

118 Photo F. Kollar, © Ministère de la Culture, France.

121 Photo by Horst P. Horst. Courtesy *Vogue*. Copyright © 1937 (renewed 1965, 1993) Condé Nast Publications, Inc.

122 Photo by Horst P. Horst. Courtesy *Vogue*. Copyright © 1937 (renewed 1965, 1993) Condé Nast Publications, Inc.

123 Photo by Horst P. Horst. Courtesy *Vogue*. Copyright © 1937 (renewed 1965, 1993) Condé Nast Publications, Inc.

124 Photo Lipnitzki. Roger-Viollet.

125 Roger Schall.

126 Roger Schall.

127 Roger Schall.

128 Camera Press Ltd./Archive Photos.

129 Photo F. Kollar, © Ministère de la Culture, France.

130 Photo F. Kollar, © Ministère de la Culture, France.

131 Photo by Horst. Courtesy *Vogue*. Copyright © 1937 (renewed 1954, 1993) Condé Nast Publications, Inc.

132 Roger Schall.

134 Photo by Horst P. Horst. Courtesy *Vogue*. Copyright © 1939 (renewed 1967, 1995) Condé Nast Publications, Inc.

135 Archive Photos.

136 Photo by Agneta Fischer. Courtesy *Vogue*. Copyright © 1940 (renewed 1968) Condé Nast Publications, Inc.

139 Photo Lipnitzki. Roger-Viollet.

140 Archive Photos.

141 Photo by Alexander Liberman.

142 Photo by Clarke. Courtesy *Vogue*. Copyright © Condé Nast Publications, Inc.

144 © P&G Sigal Collection, Brussells.

144 Jewelry, Collection of Pauline Ginnane-Gasborro.

144 © P&G Sigal Collection, Brussells.

145 © P&G Sigal Collection, Brussells.

145 Jewelry, collection of Pauline Ginnane-Gasborro.

145 Jewelry, collection of Pauline Ginnane-Gasborro.

146 Photo by Henry Clarke. Courtesy *Vogue*. Copyright © 1954 (renewed 1982) Condé Nast Publications, Inc.

147 Photo Helen O'Hagan. The Anna-Maria and Stephen Kellen

Archives of Parsons School of Design. Adam & Sophie Gimbel Design Library.
148 Photo by Frances McLaughlin. Courtesy *Vogue*. Copyright © 1956 (renewed 1984) Condé Nast Publications, Inc.
149 Photo by Horst P. Horst. Courtesy *Vogue*. Copyright © 1964 (renewed 1992) Condé Nast Publications, Inc.
151 Photo by William Klein. Courtesy *Vogue*. Copyright © 1957 (renewed 1985) Condé Nast Publications, Inc.
152 Photo by Willy Rizzo. Courtesy *Vogue*. Copyright © 1960 (renewed 1988) Condé Nast Publications, Inc.
153 Photo by Henry Clarke. Courtesy *Vogue*. Copyright © 1959 (renewed 1987) Condé Nast Publications, Inc.
154 Agence France Presse/Archive Photos.
155 Photo by Henry Clarke. Courtesy *Vogue*. Copyright © 1959 (renewed 1987) Condé Nast Publications, Inc.
156 Agence France Presse/Archive Photos.
157 Archive Photos.
158 Hulton Getty/Tony Stone Images.
159 Archive Photos.
160 Archive Photos.
160 Photo by Henry Clarke. Courtesy *Vogue*. Copyright © 1959 (renewed 1987) Condé Nast Publications, Inc.
161 Photo Paris Internationale Presse.
162 Photo by Hatami. Courtesy *Vogue*. Copyright © 1965 (renewed 1993) Condé Nast Publications, Inc.
163 Photo by Hatami. Courtesy *Vogue*. Copyright © 1965 (renewed 1993) Condé Nast Publications, Inc.
164 Photo by Arnaud de Rosnay. Courtesy *Vogue*. Copyright © 1969 (renewed 1997) Condé Nast Publications, Inc.
165 Museum of Modern Art, Film Stills Archive.
166 Photo by Arnaud de Rosnay. Courtesy *Vogue*. Copyright © 1970 (renewed 1998) Condé Nast Publications, Inc.
167 Photo by Arnaud de Rosnay. Courtesy *Vogue*. Copyright © 1970 (renewed 1998) Condé Nast Publications, Inc.
168 Hulton Deutsch Collection/Corbis.
169 Museum of Modern Art, Film Stills Archive.
170 Photo Hatami, © Chanel.
172 Photo by Cecil Beaton. Courtesy *Vogue*. Copyright © 1971Condé Nast Publications, Inc.

Bibliography

参考文献

AMORY, CLEVELAND, AND BRADLEE, FREDERIC. *Vanity Fair*. New York: Viking, 1960.

ANDERSON, BONNIE S., AND ZINNSER, JUDITH P. *A History of Their Own*. Vol. II. New York: HarperCollins, 1988.

ASSOULINE FOR CHANEL. *Chanel*. Paris: 1995.

BAILEN, CLAUDE. *Chanel Solitaire*. New York: The New York Times Book Co., 1974.

BALLARD, BETTIN. *In My Fashion*. New York: David McKay Company, Inc., 1960.

BARRY, JOSEPH. "Coco Chanel," *Smithsonian*, May 1972.

BEATON, CECIL. *The Glass of Fashion*. Garden City: Doubleday & Company Inc., 1954.

BERG, SCOTT. *Goldwyn*. New York: Alfred A. Knopf, 1989.

BUCKLE, RICHARD. *Self Portrait with Friends: The Secret Diaries of Cecil Beaton*. New York: Times Books, 1979.

CHAMBERLIN, ANNE. "The Fabulous Coco Chanel," *Ladies' Home Journal*, 1963.

CHARLES-ROUX, EDMONDE DE. *Chanel*. London: The Harvill Press, 1976.

CHARLES-ROUX, EDMONDE DE. *Le Temps Chanel*. Paris: Chene-Grasset, 1979.

COLLINS, AMY FINE. "Haute Couture," *Vanity Fair*, June 1994.

CRONIN, VINCENT. *Paris: City of Light 1919–1939*. London: HarperCollins, 1994.

DE LA HAYE, AMY, AND TOBIN, SHELLEY. *Chanel the Couturiere at Work*. Woodstock: The Overlook Press, 1996.

DIGIACOMO, FRANK. "The House that Coco Built," *Elle*, May 1997.

DI PIETRI, STEPHEN, AND LEVENTON, MELISSA. *New Look to Now 1946–1987*. San Francisco: The Fine Arts Museum of San Francisco/Rizzoli International Publications, 1989.

FAUCIGNY-LUCINGE, JEAN LOUIS DE. *Fetes*. Paris: Vendome, 1987.

FAUCIGNY-LUCINGE, JEAN LOUIS DE. *Un Gentilhomme Cosmopolite*. Paris: Perrin, 1990.

FIELD, LESLIE. *Bendor the Golden Duke of Westminster*. London: Weidenfeld and Nicolson, 1983.

FLANNER, JANET. *Paris Was Yesterday*. San Diego: Harcourt Brace Jovanovich, 1988.

GALANTE, PIERRE. *Mademoiselle Chanel*. Chicago: Henry Regnery Company, 1973.

GILOT, FRANCOISE, AND LAKE, CARLTON. *Life with Picasso.* New York: McGraw Hill, In 1964.

GOLD, ARTHUR, AND FITZ-DALE, ROBERT. *Misia: The of Misia Sert*. New York: Al A. Knopf, 1979.

GREGORY, ALEXIS. *The Gold Age of Travel 1880–1939*. Lo don: Cassell, 1991.

HAEDRICH, MARCEL. *Coco Ch* Boston: Little Brown, 1972.

HALL, CAROLYN. *The Twenti Vogue*. New York: Harmony Books, 1983.

HARRIS, DALE. "Legends: Ch and Diaghilev," *Architectura Digest*. September 1989.

HAWES, ELIZABETH. *Fashion Spinach*. H. Wolff, 1938.

Hollander, Anne. "The Great Emancipator Chanel," *Connoiseur*, February 1983.

HOUSE OF CHANEL. *Mademo selle Chanel*. Paris: Societe Anonyme a Directoire et Conseil de Surveilliance, 19

HOWELL, GEORGINA. *In Vog* New York: Schocken Books 1976.

JOSEPHY, HELEN, AND MCBRIDE, MARY MARGAI *Paris Is a Woman's Town*. N York: Coward-McCann, Inc 1929.

KOCHNO, BORIS. *Diaghilev and the Ballets Russes.* New York: Harper and Row, 1970.

LANOUX, ARMAND. *Paris in the Twenties.* New York: Arts, Inc., 1960.

LAVER, JAMES. *Costumes and Fashion.* New York: Thames and Hudson, 1995.

LINCOLN, W. BRUCE. *The Romanovs.* New York: Doubleday, 1987.

LOELIA, DUCHESS OF WESTMINSTER. *Grace and Favour.* New York: Reynal & Company, 1961.

MADSEN, ALEX. *Chanel: A Woman of Her Own.* New York, Henry Holt and Company, 1990.

MANN, CAROL. *Paris Between the Wars.* London: Calmann & King Ltd., 1996.

MARIE, GRAND DUCHESS OF RUSSIA. *A Princess in Exile.* New York: Viking Press, 1932.

MARGUERITTE, VICTOR. *The Bachelor Girl* (The Garconne). New York: Alfred A. Knopf, 1923.

MARTIN, RICHARD, AND KODA, HAROLD. *Haute Couture.* New York: The Metropolitan Museum of Art, 1995.

MARX, ARTHUR. *Goldwyn: A Biography of the Man Behind the Myth.* New York: Norton, 1976.

MAURIES, PATRICK. *Jewelry by Chanel.* Boston: Little Brown, 1993.

MICHEL, GEORGES-MICHEL. *La Vie a Deauville.* Paris: Ernest Flammarion, 1930.

MILBANK, CAROLYN REYNOLDS. *New York Fashion.* New York: Harry N. Abrams Inc., 1989.

MORAND, PAUL. *L'Allure de Chanel.* Paris: Hermann, 1977.

MORAND, PAUL. *Lewis and Irene.* Paris: 1922(?).

ORMEND, CATHERINE. *Bukhara Museum Catalogue.* Japan.

PAVLOVNA, MARIE SAI MARIE DE RUSSIE. *Education d'Une Princesse.* Paris: Librairie Stock, 1931.

PAYNE, BLANCHE. *The History of Costume.* New York: Harper-Collins, 1992.

RIVA, MARIA. *Marlene Deitrich.* New York: Alfred A. Knopf, 1993.

SACHS, MAURICE. *The Decade of Illusion.* New York: Alfred A. Knopf, 1933.

SCHOUVALOFF, ALEXANDER. *The Art of Ballets Russes.* New Haven: Yale University Press, 1997.

SERT, MISIA. *Misia par Misia.* Paris: Gallimard, 1952.

SERVADIO, GAIA. *Luchino Visconti.* London: Weidenfeld and Nicolson, 1981.

SHATTUCK, ROGER. *The Banquet Years.* New York: Vintage Books, 1968.

SNOW, CARMEL. *The World of Carmel Snow.* New York: McGraw-Hill Book Company, Inc., 1962.

STEEGMULLER, FRANCIS. *Cocteau.* Boston: Little, Brown and Company, 1969.

STEELE, VALERIE. *Women of Fashion Twentieth Century Designers.* New York: Rizzoli, 1991.

STRAVINSKY, VERA, AND CRAFT, ROBERT. *Stravinsky in Pictures and Documents.* New York: Simon & Schuster, 1978.

THEBAUD, FRANCOISE. *A History of Women.* Cambridge: Harvard University Press, 1996.

VREELAND, DIANA. *D.V.* New York: Alfred A. Knopf, 1984.

WESTMINSTER, LOELIA, DUCHESS OF. *Grace and Favour.* London: Weidenfeld & Nicolson, 1961.

WILCOX, R. TURNER. *The Mode in Hats and Headdress.* New York: Charles Scribner's Sons, 1952.

ZEFFIRELLI, FRANCO. *The Autobiography of Franco Zeffirelli.* New York: Weidenfeld and Nicolson, 1986.

Endnotes

出典

10.〝「……明らかにあの二人は、かつてロマンティックな時間を共有していたわね」〟
Vreeland, Diana. *D.V.* New York: Alfred A. Knopf, 1984, p. 131.

13.〝……そのやせた土地を耕す農夫と同じく、へこたれることを知らなかった。〟
Author's interview with Fadi Al Khouri, editor, Paris April 1997.

13.〝「わたしはオーヴェルニュでまだ火が消えていない唯一の活火山よ」〟
Morand, Paul. *L'Allure de Chanel.* Paris: Hermann, 1977, p. 20.

13.〝プライドの高さこそが彼女の性格を支配する鍵であり、……〟
Ibid., p. 20.

14.〝本当はそうじゃなかった。卵は大好物だったのだ。〟
Ibid., p. 18.

17.〝……夜になるとムーランのキャバレーで歌を歌った。……〟
Charles-Roux, Edmonde de. *Le Temps Chanel.* Paris: Chene-Grasset, 1979, p. 30.

23.〝午前中には、彼女たちは全身を飾り立てて、……〟
Shattuck, Roger. *The Banquet Years.* New York: Vintage Books, 1968, p. 11.

23.〝……ロワイヤルリューで生きた人間になって現われたようなものだった。〟
Ibid., p. 57.

26.〝「ハンサムなんてもんじゃないわ。最高にすてきだったのよ」〟
Morand, Paul. *L'Allure de Chanel.* Paris: Hermann, 1977, p. 32.

27.〝「彼は父であり、兄であり、家族だった。……」〟
Ibid., p. 34.

32.〝……ドーヴィルの美女たちにとってはショックだった。〟
Ibid., p. 34.

35.〝……という法外な価格にもかかわらず、……〟
Steele, Valerie. *Women of Fashion Twentieth Century Designers.* New York: Rizzoli, 1991, p. 42.

43.〝「銀製品には光沢がないし、家具はぜんぜん磨かれてないし、……」〟
Morand, Paul. *L'Allure de Chanel.* Paris: Hermann, 1977, p. 99.

45.〝……シャネルは、神秘的とも呼べる力でミシアを魅了した。〟
Gold, Arthur, and Fitzdale, Robert. *Misia: The Life of Misia Sert.* New York: Alfred A. Knopf, 1979, p. 197.

52.〝シャネルは、この男性的なスペインの画家の鋭い目や……〟
Morand, Paul. *L'Allure de Chanel.* Paris: Hermann, 1977, p. 121.

57.〝……とどまるところを知らないシャネルの想像力に大いに刺激を受けた。〟
Marie, Grand Duchess of Russia. *A Princess in Exile.* New York: Viking Press, 1932, p. 173.

83.〝「あの有名なココが現われて、わたしは彼女を非常に気に入った。……」〟
Field, Leslie. *Bendor the Golden Duke of Westminster.* London: Weidenfeld and Nicolson, 1983, p. 201.

83.〝「何であれ中途半端で終わらせたことなどないわ」〟
Field, Leslie, *Bendor: The Golden Duke of Westminster.* London: Weidenfeld and Nicolson, 1983, p. 201.

83.〝二人のアメリカの作家がパリについての本を出版したとき、……〟
Josephy, Helen, and McBride, Mary Margaret. *Paris Is a Woman's Town.* New York: Coward-McCann, Inc., 1929, p. 12.

91.〝……「寄りかかれる肩」と呼んだ。〟
Haedrich, Marcel. *Coco Chanel.* Boston: Little Brown, 1972, p. 124.

92.〝親友のミシア・セールにいたっては、……〟
Gold, Arthur, and Fitzdale, Robert. *Misia: The Life of Misia Sert.* New York: Alfred A. Knopf, 1979, p. 258.

93.〝「もうぼくが君に教えられることは何もない」〟
Schouvaloff, Alexander. *The Art of Ballets Russes.* New Haven: Yale University Press, 1997, p. 302.

95.〝「たまたまお金持ちだからといって、首の回りに……」〟
Morand, Paul. *L'Allure de Chanel.* Paris: Hermann, 1977, p. 166.

98.〝「1930年の6月の社交シーズンは、……」
Flanner, Janet. *Paris Was Yesterday.* San Diego: Harcourt Brace Jovanovich, 1988, p. 67.

99.〝「シャネルの店は、有名な女性に扮するために……」〟
Ibid., p. 67.

104.〝…… シャネルは作曲家コール・ポーターの妻、リンダ・ポーターから……〟
Author's interview with Ward Landrigan, presiden of Verdura, New York, June 1997.

112.〝ところが、彼女はいつもながらのつむじ曲りなやり方を、……〟

Flanner, Janet. *Paris Was Yesterday.* San Diego: Harcourt Brace Jovanovich, 1988, p. 86.

119.〝……主催したワルツの宴においては、テーマが……〟

Faucigny-Lucinge, Jean Louis de. *Un Gentilhomme Cosmopolite.* Paris: Perrin, 1990, p. 114.

126.〝「ヴィスコンティはシャネルに夢中だったわ」〟

Vreeland, Diana. *D.V.* New York: Alfred A. Knopf, 1984, p. 109.

130.〝「これまでに着た服のなかで、最も美しい服」〟

Ibid., p. 96.

135.〝「ドイツがフランスを侵略するとしたら、起こりうる最悪の事態は何だろう？」〟

Mann, Carol. *Paris Between the Wars.* London: Calmann & King Ltd., 1996, p. 193.

136.〝……パリは熱狂的に喜んだ。〟

Flanner, Janet. *Paris Was Yesterday.* San Diego: Harcourt Brace Jovanovich, 1988, p. 221.

138.〝お金はあるのにしもやけで指が腫れて困ると……〟

Haedrich, Marcel. *Coco Chanel.* Boston: Little Brown, 1972, p. 147.

138.〝戦争が終結に近づき、少し気分が浮き立ってきた頃、……〟

Charles-Roux, Edmonde de. *Chanel.* London: The Harvill Press, 1976, p. 325.

138.〝「この歳で、……」〟

Steele, Valerie. *Women of Fashion Twentieth Century Designers.* New York: Rizzoli, 1991, p. 48.

141.〝「歩くことすらままならないじゃないの」〟

Zeffirelli, Franco. *The Autobiography of Franco Zeffirelli.* New York: Weidenfeld and Nicolson, 1986, p. 100.

143.〝……3人は新しい会社「パルファン・シャネル」を設立する。〟

Galante, Pierre. *Mademoiselle Chanel.* Chicago: Henry Regnery Company, 1973, p. 181.

146.〝……シャネルは復讐を試みる。〟

Ibid., p. 182.

148.〝「もう二度と働かなくてもよいことになったわ」〟

Haedrich, Marcel. *Coco Chanel.* Boston: Little Brown, 1972, p. 97.

149.〝小柄で元気がよく、……〟

Author's interview with Mme. Manon, Paris, May 1997.

157.〝「こんな残酷な光景は、見たことがない」〟

Zeffirelli, Franco. *The Autobiography of Franco Zeffirelli.* New York: Weidenfeld and Nicolson, 1986, p. 128.

162.〝『ヴォーグ』のベッティナ・バラードは、……〟

Ballard, Bettina. *In My Fashion.* New York: David McKay Company, 1960, p. 58.

166.〝ナン・ロバートソンは、今なお彼女の外見が……〟

Author's interview with Nan Robertson, New York, March 1998.

166.〝「シャネルは3時までわたしを帰らせなかった。……」〟

Author's interview with Eleanor Lambert, New York, May 1997.

168.〝「真珠や宝石で莫大な財産を築いたわ」〟

Haedrich, Marcel. *Coco Chanel.* Boston: Little Brown, 1972, p. 157.

Index

索引

〈ア〉

アブディ,アイヤ　Abdy, Iya　56

アミョー,フェリックス　Amiot, Félix　147

アール・デコ　Art Deco　91

アルノー,マリ=エレーヌ　Arnaud, Marie-Héléne　158

アルベール　Chanel,Albert　13

アンティゴネ　*Antigone*(Sophocles)　70

イートン・ホール　Eaton Hall　76, 79〜81

イリブ,ポール　Iribe, Paul　111〜117, 122

イングリッシュ・ツイード　English tweed　85

ヴィスコンティ,ルキノ　Visconti, Luchino　120, 169

ウィメンズ・ウエア・デイリー　*Women's Wear Daily* (newspaper)　170

ウィンザー公　Edward (Duke of Windsor)　9, 10, 127, 129

ウィンダム,ダイアナ　Wyndham, Diana　37

ウェストミンスター公爵　Westminster, Duke　75〜81, 85, 86, 91〜95, 97, 106, 144, 149

ウェストミンスター公爵夫人　Westminster, Duchess　21, 83

ヴェネチア　Venezia　48, 86, 92, 93

ヴェルタイマー,ピエール(兄弟)　Wertheimer, Pierre　84, 130, 143, 147, 148

ヴェルデュラ　Verdura (accessories)　100, 111

ヴェルデュラ公爵,フルコ・ディ　Verdura, Fulco di 104, 105, 109, 124

ヴォーグ　*Vogue* (magazine)　9, 36, 40〜42, 45, 46, 59, 72, 88, 101, 114, 116, 120, 146, 149, 152, 153, 158, 159, 161, 162

ウォーターフォール・ガウン　Waterfall gown　63

ヴォルテール河岸　Qui Voltaire (Paris)　43

ウォルト　Worth (fashion firm)　28,138

ヴュイヤール　Vuillard, Édouard　45

ヴリーランド,ダイアナ　Vreeland, Diana　9, 10, 126, 129

エドワール,アルフレッド　Edwards, Alfred　45

エドワール,ミシア　Edwards, Misia　43, 45　セール,ミシア参照

エル　*Elle* (magazine)　152

円卓の騎士　*Les Chevaliers de la Table Ronde* (theater)　134

オイディプス王　*Oedipus Rex* (theater)　134

オーヴェルニュ　Auvergne　13

仰言ひましたわネ　*The Greeks Had a Name for Them* (film)　102, 103

オテル・ド・パリ　Hôtel de Paris (Monaco)　73

オテル・リッツ　Hôtel Ritz (Paris)　39, 67, 119, 120, 122, 137, 149

オーバック　Ohrbach's (store)　169

オペラ座　Opéra (Paris)　27

〈カ〉

カウボーイ・ドレス　Cowboy dress　36

カークランド,サリー　Kirkland, Sally　152

カティー・サーク号　*Cutty Sark* (ship)　83

カフェ・ド・パリ　Café de Paris (Monaco)　73

カフェ・ド・ラ・ペ　Café de la Paix (Paris)　23

ガブリエル通り　Avenue Gabriel (Paris)　27, 67, 122, 125

カペル,アーサー・〈ボーイ〉　Capel,Arthur "Boy"　22, 26〜33, 35, 37〜39, 43, 46, 48, 65, 91, 137, 168

カムバック・コレクション　Comeback Collection　143

カラー・ストーン　Colored stone　97, 100, 111, 138, 162

ガルデニア　Gardenia　143

ガルボ,グレタ　Garbo, Greta　103, 130

カンヌ　Cannes　37, 70

カンボン通り　Rue Cambon (Paris)　9, 30, 37, 46, 62, 83, 85, 99, 109, 120, 124, 138, 143, 148, 149, 152, 155, 157, 159, 166, 173

ギャルソンヌ　*La Garçonne* (Margueritte)　65, 67

ギャルリー・ラファイエット　Galeries Lafayette (store)　143

キュイール・ド・リュス　Cuir de Russie　143

キュビズム　Cubism　27, 50, 70, 91, 119

キュリー,マリー　Curie, Marie　91

去年マリエンバートで　L'Année Derniére à Marienbad (film)　165

グースンズ,ロバート　Goossens, Robert　145, 162

グリポワ　Gripoix (jeweler)　96, 109, 144

クルティザン(高級娼婦)　Courtesane　18, 23, 28

グレ　Grés (fashion firm)　155

クレア,アイナ　Claire, Ina　102, 103

クレマンソー,ジョルジュ　Clemenceau, Georges　35

グロヴナー,ヒュー・リチャード・アーサー　Grosvenor, Hugh Richard Arthur　73　ウェストミンスター公爵参照

グンツバーグ,ニキ・ド　Gunzburg, Niki de　9, 119

毛皮の縁飾り　Fur-trimmed　40, 42, 44, 58

ゲームの規則　*La Régle du Jeu* (film)　134

ケリー,グレース(グレース妃)　Kelly, Grace (Princess of Monaco)　158, 162

現代装飾工芸展　Exposition des Arts Décoratifs (1925)　91

皇帝アレクサンドル2世　Alexander II(Czar)　55

皇帝ニコライ2世　Nicholas II(Czar)　55, 57, 62

コクトー,ジャン　Cocteau, Jean　45, 49, 51, 65, 70〜73, 92, 117, 125, 134, 136, 138
コクノ,ボリス　Kochno, Boris　93, 99, 152
コクロヴァ,オルガ　Koklova, Olga　52
コメディア・イリュストレ *Comoedia Illustrée* (magazine)　25
今宵ひとときTonight or Never (film) 103, 104
ゴールドウィン,サミュエル Goldwyn, Samuel　100, 102, 103
ポーター,リンダ&コール(夫妻) Porter, Linda & Cole　73, 104
コンスタンタン神父 *L'Abbé Constantin* (drama)　44, 45
ゴントー=ビロン通り　Rue Gontaut-Biron (Deauville)　30, 31
コンバット　*Combat* (newspaper)　152
コンピエーニュ　Compiègnes　17

〈サ〉
サックス・フィフス・アヴェニュー Saks Fifth Avenue (store)　104, 169
サックス,モーリス　Sachs, Maurice　51, 67, 125
サティ,エリック　Satie, Erik　51
サルヴァドール・ダリ　Dali, Salvador 134, 136
サンクト・ペテルブルク　Sankt Petersburg　55
サント=マリー Sainte-Marie, A (fashion firm)　14
サン・マルコ大聖堂　San Marco　61, 92
シアサッカー　Seersucker　143
シェニール(糸)　Chenille　57, 60, 88
ジオノ,ジャン　Giono, Jean　135
シャネル香水会社　Parfums Chanel　130, 143, 146
シャネル・スーツ　Chanel Suit　158〜160, 170
シャネルNo5　Chanel No5　59, 62, 63, 143, 146, 148, 149
シャネルNo22　Chanel No22　143
シャネル・ルック　Chanel Look　44, 58, 105, 127, 130, 138, 158, 167
シャルムーズ・ドレス　Charmeuse Dress　40
シャンティイ・レース　Chantilly　41, 42
ジャンヌ　Chanel, Jeanne　13, 39
シュナイダー,ロミー　Schneider, Romy 157, 162, 169
シュミーズ・ドレス　Chemise dress　36
シュールレアリズム　Surrealism　50, 119
ショウ,ジョージ・バーナード Shaw, George Bernard　91
真実とシックな嘘 *Le Vrai et le Faux Chic* (Sem)　32
シンプソン,ウォリス　Simpson, Wallis　129
スキャパレリ,エルザ　Schiaparelli, Elsa 119, 129, 130, 138, 140, 141
スーデスカン,ヴェラ　Sudeskin, Vera　52
ストラヴィンスキー,イゴール Stravinsky, Igor　27, 49, 51, 53, 55
スノウ,カーメル　Snow, Carmel　91, 152
スパッツ　Spatz　137, 138
スワンソン,グロリア　Swanson, Gloria 100, 103〜105
セイリグ,デルフィーヌ　Seyrig, Delphine 165
ゼッフィレリ,フランコ　Zeffirelli, Franco 141, 152, 157
ゼフィルとフロール　*Zéphire et Flore* (ballet)　91
セム　Sem　31, 32, 59
セール,ホセ=マリア　Sert, José-Maria 43, 45, 46, 48, 50, 67, 92, 138
セール,ミシア　Sert, Misia　45, 46, 48〜51, 53, 67, 86, 92〜94, 101, 102, 117, 120, 138
ソーミュール　Saumur　13
ソレル,セシル　Sorel, Cécile　43〜46, 48

〈タ〉
第一次世界大戦　World War I　35, 36, 39, 81, 119, 135, 173
第二次世界大戦　World War II　35, 36, 39, 81, 119, 128, 135, 173
ダヴェリ,マルト　Davelli, Marthe　18, 25, 55
ダダイズム　Dadaism　50
ダランソン,エミリエンヌ D'Alençon, Émilienne　18
ダール=ウルフ,ルイーズ Dahl-Wolfe, Louise　127
チェーン・バッグ　Chainhandled Bag　141
チェンバレン,ネヴィル Chamberlain, Neville　136
チャーチル,ウィンストン Churchill, Winston　73, 78, 83, 138
チュール・ドレス　Tulle Dress　40, 149, 150, 155, 158, 160, 161, 164
椿姫　*La Dame aux Camélias* (theater)　130
ディアギレフ,セルゲイ　Diaghilev, Sergei 27, 45, 46, 48〜52, 56, 70, 91〜94
ティアード・スカート　Tiered　42, 45
ディオール,クリスチャン　Dior, Christian 140, 146, 148, 157, 162
デイタイム・ルック　Daytime Look　72
ディートリッヒ,マルレーネ Dietrich, Marlene　162
ディミートリー大公　Pavlovich, Dimitri (Grand Duke)　55〜62, 67, 75, 95, 96, 98, 100, 149
ディンクラージ,ハンス・ギュンター・フォン(男爵)　Dincklage, Hans Gunther von　137
デ・ビアス　De Beers (jewelers)　112, 114
デミル,セシル・B　De Mille, Cecil B 114
デュマ・フィス,アレクサンドル Dumas fils, Alexandre　23

ドーヴィル Deauville 30, 32, 33, 35, 101
ドゥミ=モンデーヌ Demi-mondaine 23
トゥルーズ=ロートレック
Toulouse-Lautrec, Henri 45
トーキョウ河岸 Quai de Tokyo (Paris) 37
ド・ゴース De Gorse (jewelers) 109, 162
ドルジア,ガブリエル Dorziat, Gabrielle 18, 24, 25

〈ナ〉
ナタンソン,タデ Natanson, Thadée 45
ナチス Nazis 136～138, 148
ニジンスキー Nijinsky, Vaslav 51, 99
ニーマン・マーカス Neiman Marcus (store) 166
ニュー・ルック New Look 140, 146
ノーアーユ侯爵夫人 Noailles, Marquise de 32,52
ノルマンディ Normandy 31, 81

〈ハ〉
パーカー,スージー Parker, Suzy 149, 159, 160
パキャン Paquin (fashion firm) 28, 30, 40
バーグドルフ・グッドマン
Bergdorf Goodman (store) 104
ハッティ・カーネギー
Hattie Carnegie (store) 104, 152
バーデル,テオフィル Bader, Théophile 143
パトゥ Patou (fashion firm) 40
ハーパーズ・バザー *Harper's Bazaar* (magazine) 36, 56, 91, 101, 137, 152
バラード,ベッティナ Ballard, Bettina 152, 162
パリ万国博 Paris World's Fair (1937) 134
パリ・マッチ *Paris Match* (magazine) 152
バルサン,エティエンヌ Balsan, Étienne 17, 18, 23, 24, 26, 27
バルサン,ジャック Balsan, Jacques 23
春の祭典 *Le Sacre du Printemps* (ballet) 50, 53
パルファン・シャネル Parfums Chanel 143, 146 シャネル香水株式会社参照
バレエ・バカナール *Ballet Bacchanales* (ballet) 134
バレエ・リュス Ballets Russes 46, 48
バレンシアガ,クリストバル
Balenciaga, Cristobal 148
ビアリッツ Biarritz 36, 55, 81
B・アルトマン B.Altman (store) 103, 152
ピカソ,パブロ Picasso, Pablo 27, 49, 51～53, 67～70, 77, 79
ヒトラー Hitler, Adolf 135, 136
ビートン,セシル Beaton, Cecil 134, 173
ファッション・グループ Fashion Group 162, 166
フィガロ *Figaro* (newspaper) 152
フェアチャイルド,ジョン Fairchild, John 170
フェミーナ *Femina* (magazine) 27, 30
フェローズ,デイジー Fellowes, Daisy 99
フェローズ,レジナルド
Fellowes, Reginald 100
フォーシニー=リュサンジュ,ジャン=ルイ・ド
Faucigny-Lucinge, Jean-Louis de 119, 120
フォード Ford 80
フォービズム(野獣主義) Fauvism 27
フォーブル・サントノレ
Faubourg Saint-Honoré (Paris) 67, 79, 93, 100, 114, 116, 122
ブスケ,マリー=ルイーズ
Bousquet, Marie-Louise 137
フライング・クラウド号 *Flying Cloud* (ship) 75, 79, 83, 91, 92
ブラック,ジョルジュ Braque, Georges 91
ブラディ,ジェームズ Brady, James 170
フラナー,ジャネット Flanner, Janet 98
フランク,ジャン=ミシェル
Frank, Jean-Michel 126
フランクリン・サイモン Franklin Simon (store) 104
フランセス・クライン Frances Clyne (store) 104
プリンス・オブ・ウェールズ
Edward (Prince of Wales) 51, 79
ブルジョワ Bourjois (fashion firm) 143
プルースト,マルセル Proust, Marcel 45
ブルーミングデールズ Bloomingdale's (store) 104
ブルム,レオン Blum, Léon 134
フロック・ドレス Frocks Dress 45
ブローニュの森 Bois de Boulogne 23, 28, 120
ヘアバンド Headband 65, 111
ベイツ,ヴェラ Bates, Vera 73, 75
ペザント(農民風)・ドレス Peasant Dress 59, 60
ペタン司令官 Pétain, Henri 137
ベッティナ Bettina 168
ベラール,クリスチャン・〈べべ〉
Bérard, Christian "Bébé" 98, 109, 126, 117, 127, 134
ベル・エポック Belle Epoque 45, 55, 75, 83, 127, 140, 173
ベルナール,サラ Bernhardt, Sarah 27, 130
ヘンリ・ベンデル Henri Bendel (store) 104
ポー Pau 26
放蕩息子 *The Prodigal Son* (ballet) 93
ボー,エルネスト Beaux, Ernest 62
ポーソンビー,ローリア Posonby, Loelia 94
ボッカチオ'70 *Boccaccio '70* (film) 169
ボードン・ハウス Bourdon House (London) 81

ボナール　Bonnard, Pierre　45
ホブル・スカート　Hobble Skirt　28
ボーモン伯爵, エティエンヌ・ド
Beaumont, Étienne de　46, 49〜51, 70, 77, 95, 96, 98, 132, 134, 137
ホルスト　Horst (photographer)　116, 120, 130, 134, 144
ボルドー　Bordeaux　55, 81
ボレロ・ジャケット　Bolero Jacket　162
ポロ・コート　Polo Coat　75, 79, 85
ボワ・デ・ジル　Bois des Iles　143
ポワレ, ポール　Poiret, Paul　28, 36, 114 157

〈マ〉
マキシム　Maxim's (Paris)　23, 27, 29, 31
マクスウェル, エルザ　Maxwell, Elsa　99, 120
マティス, アンリ　Matisse, Henri　27
マドモワゼル・シャネルN^{O}5
Mademoiselle Chanel N^{O}5　148
マリア大公夫人　Pavlovich, Marie (Grand Duchess)　56, 57, 60
マリ・クレール　*Marie Claire* (magazine) 152
マルグリット, ヴィクトル
Margueritte, Victor　65
マルゼルブ通り　Boulevard Malesherbes (Paris)　27
マルタ十字　Maltese Cross (accessories) 61, 96, 97, 105, 106, 109, 162, 164
マレー, ジャン　Marais, Jean　138
マンボーシャ　Mainbocher (fashion firm) 130, 138
ミミザン　Mimizan (estate)　78, 81, 83
ミヨー, ダリウス　Milhaud, Darius　27, 51, 70
ムーラン　Moulins　14, 17, 43
目撃者　*Le Témoin* (newspaper)　116
モナコ　Monaco　73, 100, 116, 158
モーム, サマセット　Maugham, Somerset　73
モラン, ポール　Morand, Paul　65, 100
モリヌー　Molyneux (fashion firm)　88, 130, 138
モロー, ジャンヌ　Moreau, Jeanne　162
モンテ・カルロ　Monte Carlo　55, 58, 72
モンパルナス　Montparnasse (Paris)　51

〈ヤ〉
屋根の上の雄牛　Le Bœuf Sur le Toit (Paris)　51
ユゴー, ジャン　Hugo, Jean　79, 113, 127

〈ラ〉
ライフ　*Life* (magazine)　152, 158, 162
ラスプーチン　Rasputin　55, 57
ラディゲ, レイモン　Radiguet, Raymond 72, 73
ラ・ポーザ　La Pausa　94, 111, 113, 116, 125, 126
ラボルド, レオン・ド　Laborde, Léon de 23
ランヴァン　Lanvin (fashion firm)　88
ランドルフ　Churchill, Randolph　78
ランベール, エレノア　Lambert, Eleanor 166
リヴィエラ　Riviera　70, 92, 125, 138
リトル・ブラック・ドレス
Little Black Dress　80, 91, 157
リファール, セルジュ　Lifar, Serge　51, 52, 93, 99, 111, 117, 132, 138
リプシッツ, ジャック　Lipchitz, Jacques 67
リーベルマン, アレクサンダー
Liberman, Alexander　170
ルーアン　Rouen　81
ルイ・ヴィトン　Louis Vuittons (fashion firm)　31
ルイとイレーヌ　*Lewis and Irene* (Morand) 65
ルヴェルディ, ピエール　Reverdy, Pierre 49, 51, 67, 68, 70, 94
ルース, アニタ　Loos, Anita　91
ル・トラン・ブルー　*Le Train Bleu* (theater) 70, 71, 72, 79
ルノワール, ジャン　Renoir, Jean　45, 46, 134, 137
レドファン　Redfern (fashion firm)　85
レネ, アラン　Resnais, Alain　165
ロイド・ジョージ　Lloyd George, David　35
ロシアン・ルック　Russian Looks　57
ロスチャイルド, アンリ・ド
Rothschild, Henri de　31, 100
ロズネイ, アルノー・ド
Rosnay, Arnaud de　164
ロディエ　Rodier (fashion firm)　35
ロード&テイラー　Lord & Taylor (store) 104, 152
ロバートソン, ナン　Robertson, Nan　166
ロラクル　*L'Oracle* (newspaper)　152
ローラン, アンリ　Laurens, Henri　70
ローランサン, マリー　Laurencin, Marie 67, 70, 77, 125
ロワイヤルリュー　Royallieu　17, 18, 23, 25, 26, 43

〈ワ〉
ワトーの無頓着　*Watteau's Indifference* 132, 137

訳者あとがき

本書は〝CHANEL; Her Style and Her Life〟(1998)の全訳である。

著者ジャネット・ウォラクは1942年生れ。ワシントンやニューヨークでファッション・エディターの経験がある。この経歴を生かして集められた豊富なビジュアル資料とその詳細な解説、これが本書の最大の魅力的特色として挙げられようか。

カバーをはじめ、本書に掲載された貴重な写真やイラストが、実に雄弁にシャネルの世界を物語る。これまで目にする機会が少なかったシャネルの恋人たちや取巻きセレブリティたちの写真、はじめて網羅的に見ることができるシャネルの作品のイラストや写真、そしてもちろんシャネル自身の肖像写真。厳選された一枚一枚が新鮮な驚きと眼福を与えてくれるばかりでなく、素人目には見逃しがちなディテールやその意義を解説する本文やキャプションによって、ビジュアルが文章と一体となって語りかけてくる。

また、本書の特色その二として挙げられるのは、著者がアメリカ人であるということと無関係ではないかもしれない。シャネルの生涯をアメリカン・ドリームさながらのドラマティックなサクセス・ストーリーとして語り紡ぐ手法がとられている点である。

孤児院での少女時代を経て有力な男性の庇護のもとにビジネスをスタートさせ、驚異的な成功をおさめ続ける途上で同時代の貴族や芸術家と濃密に関わり、戦後しばらくの沈黙のあと70歳にして奇跡のカムバックを果たす……というシャネルの波瀾に満ちた人生とその一瞬一瞬の成果としてのシャネル・モードを、読者がわくわくしながらたどることができるよう滑らかに語っていく。

彼女を取り巻く錚々たる人々や激動の時代背景を無理なく書き込みながらシャネルの人となりやモード誕生の経緯を浮かび上がらせる力量は、たいしたものではないか。シャネルのトレードマークとして有名なリボンやカメリアが生まれたいきさつなど、さりげなく挿入されたエピソードなのに、なるほどそういうわけだったのかと強く印象に残る。ロマンスがビジネスを生み、ビジネスが新しいロマンスを育て、そのロマンスがまた次のビジネスにつながる……という驚異(と羨望)のキャリアの具体的な足跡を、テンポのいい映画を見るようにたどることができる。

というわけで、シャネルの人生と、そこから必然的に生まれたシャネル・スタイルとの関係を、豪華な写真と平易な文章でスリリングに説き明かしていく本書は、これからファッションを学びたい方のための入門書としてはもちろんのこと、シャネルの世界をトータルにおさめた永久保存版として、推奨したい。また、人生とビジネス、社交と人間関係の力学、男性誘惑術とモード、芸術とメセナ、本物と偽物、自立と孤独、スノビズムとポピュラリティ、独創性と普遍性、引退と復活など、現代においてなお重要なさまざまなテーマについて考えるきらびやかなヒントを与えてくれる書物として、ファッションにはあまり関心のなかった方にもお楽しみいただけることと思う。もちろん、たぐいまれな才能と意志で20世紀を誰よりも先駆けて生きた一人の女性の伝記として、幅広い読者に感慨を与えるであろうことはいうまでもない。

翻訳に際してはできるだけ原文を尊重しましたが、一応「事実」として一般に了解されている「1883年生れ、1971年没」という年代とずれを起こす原文の年齢表記は、きちんと整合するよう書き換えました。また、貴族の爵位に関して、原文では同一人物に複数の爵位が用いられている場合がありますが、読者の混乱を避けるため、翻訳では人物が最初に登場したときに用いられていた爵位で統一しました。ご了承いただければ幸いです。

最後になりましたが、本書とこのような形で関わることができる幸運をもたらしてくださった文化出版局の成川加名予さんに心から感謝いたします。

2002年８月　　　　中野香織

CHANEL
シャネル スタイルと人生

2002年10月28日　第1刷発行
2008年5月2日　第2刷発行
著者　ジャネット・ウォラク
訳者　中野香織
発行者　大沼 淳
発行所　文化出版局
〒151-8524 東京都渋谷区代々木3-22-7
電話03-3299-2479(編集)
03-3299-2540(営業)
印刷所　株式会社文化カラー印刷
製本所　大口製本印刷株式会社

Printed in Japan